# JEAN

## ET

# JEANNETTE,

ou

## LES PETITS AVENTURIERS PARISIENS,

### PAR M. DUCRAY-DUMINIL.

Marion, vive Paris ! .. Quand on a de l'argent
Ni rien de Voi rsart.

NOUVELLE ÉDITION ORNÉE DE GRAVURES.

V.

## PARIS,

CORBET AINÉ, LIBRAIRE,

Quai des Augustins, 59.

## 1838.

# JEAN

## ET

# JEANNETTE.

45

PARIS.—IMPRIMERIE DE P. BAUDOUIN,

Rue et Hôtel Mignon, 2.

# JEAN

## ET

# JEANNETTE,

OU

## LES PETITS AVENTURIERS PARISIENS.

### Par M. DUCRAY-DUMINIL.

Ma foi, vive Paris'... Quand on a de l'argent.
*Nanine* de VOLTAIRE.

NOUVELLE ÉDITION ORNÉE DE GRAVURES.

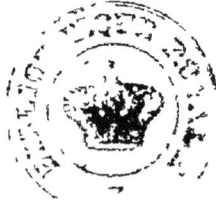

## PARIS,

### CORBET AINÉ, LIBRAIRE,

Quai des Augustins, 59.

## 1838

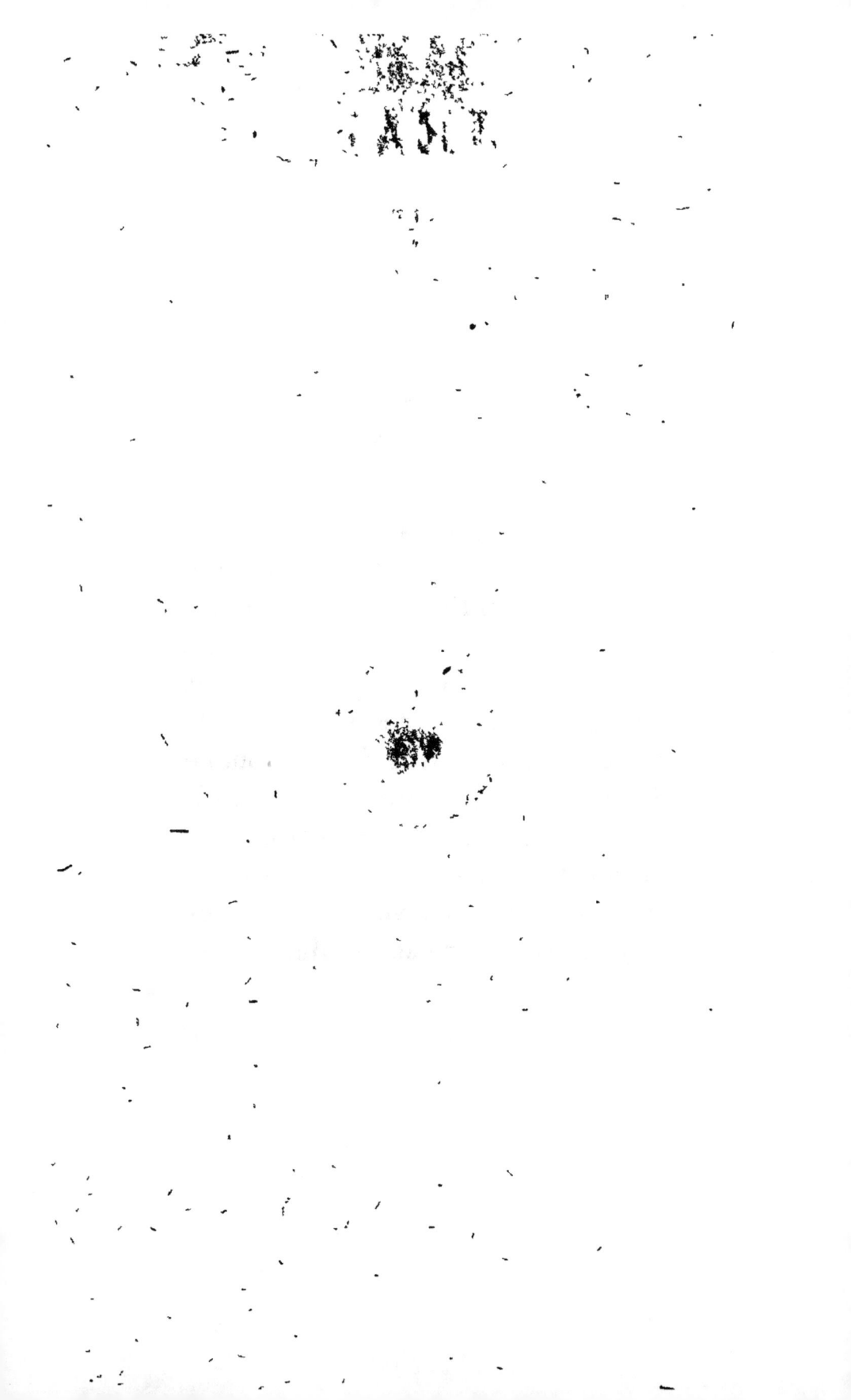

# CHAPITRE PREMIER.

*Monsieur et madame Herbert. Les deux rivaux amis.*

« Avant de vous parler de moi, mes enfans, je dois vous faire connaître la famille à la fois coupable et malheureuse à laquelle j'ai dû les peines qui ont empoisonné ma vie. Les noms de ces personnes-là n'étaient point sortis de ma bouche depuis de longues années ; mes amis évitaient même de les prononcer devant moi, dans la crainte de me chagriner, témoin votre oncle Rodolphe qui, dans ses tablettes que vous avez lues , n'a pas tracé une seule fois le nom de la belle Edeline de Germance , ni celui de son odieuse tante, madame Herbert. J'étais d'ailleurs intéressé à ne pas les divulguer, par respect pour la mémoire de l'une , et pour ne pas attirer sur la tête de l'autre le juste châtiment qu'elle mérite : écoutez-moi.

« M. de Germance , fils de parens peu aisés , mais qui lui avaient donné une bonne éducation , était entré, comme petit commis, dans les bureaux d'un fermier-général. Son mérite le fit peu-à-peu monter en grade, et il en vint enfin à occuper les places les plus brillantes et les plus lucratives de la finance. Tout Paris , la France entière, se rappelleront long-temps l'heureuse administration de cet habile financier, qui mourut regretté et généralement estimé. Mais avant de mourir, comme vous le pensez bien, il était devenu époux, et père de deux filles charmantes. Son aînée se nommait Mélanie, la cadette Edeline!.., Pardonnez-moi si je soupire à ce nom qui me rappelle tant de souvenirs.

« Madame de Germance, que son riche mari avait épousée sans dot, perdit la vie en la donnant à cette charmante Edeline, et M. de Germance se vit veuf avec deux filles en bas âge, (l'une avait douze ans, l'autre, six) dont l'éducation l'embarrassait, lui qui était trop surchargé d'affaires pour s'en mêler. Ne voulant point, par amour pour ses enfans, contracter un second hy-

men, et étant d'ailleurs trop âgé
pour se remarier, il était trop rai-
sonnable pour risquer une folie. Il
avait bien chez lui une sœur, sa ea-
dette, qui avait gardé le célibat, dont
il prenait soin, attendu que cettede-
moiselle n'avait pas reçu plus que
lui d'héritage de ses père et mère,
et qu'elle n'avait pas trouvé, comme
son frère, les moyens de faire fortune. Sans doute il aimait cette
sœur; mais mademoiselle de Germance, fille extrêmement bonne,
était, depuis son enfance, dans un
état voisin de l'imbécillité. Elle n'a-
vait point de caractère décidé; sa
tête était faible, et, sans être ce
qui s'appelle imbécile, je le répète,
elle pouvait passer pour telle aux
yeux de ceux qui la voyaient pour
la première fois. Vous verrez ce-

pendant par la suite qu'elle ne manquait ni de raison, ni d'esprit ; mais elle cachait tout cela, soit par timidité, soit par faiblesse de caractère.

« Monsieur de Germance n'osait pas confier l'éducation de ses filles à sa sœur, qui ne s'occupait d'ailleurs que des pratiques de la religion. Il appela donc chez lui la sœur de sa femme, qu'il avait mariée à un commis de ses bureaux et qui venait de perdre son mari. Cette conformité de veuvage décida M. de Germance à oublier quelques torts que sa belle-sœur, nommée Léonore, avait eus autrefois envers lui, et il lui donna le soin d'élever ses filles, en même temps que le gouvernement de sa maison.

« Léonore avait un tout autre ca-

1,

ractère que mademoiselle de Germance. Elle était altière, violente,
ardente, impérieuse, et il fallait
que rien ne résistât à ses volontés.
Elle avait la tête de l'homme le
plus décidé, un cœur nul pour le
bien, un esprit élevé, mais ingé-
nieux seulement pour le mal. Si je
voulais mieux vous la peindre, en
me servant des expressions triviales
du peuple, je vous dirais que ce n'é-
tait pas une femme, mais un diable !
oui, un véritable diable à quatre.
On prétendait même qu'elle avait
fait le tourment de son mari, qui
en était mort de chagrin. Voilà la
tante de Mélanie et d'Edeline;
voilà l'ennemie la plus mortelle que
j'aie eue de ma vie.

« Monsieur de Germance, occupé,
toute la journée et même une par-

tie des nuits, de ses travaux de fi-
nances, ne connaissait pas à fond
son affreux caractère, et ne la con-
trariait en rien.

« Ses pauvres filles, comprimées
par la sévérité de sa sœur, n'osaient
lui en porter des plaintes, que
d'ailleurs il n'aurait peut-être pas
écoutées, et qui, si Léonore les eût
apprises, auraient rendu leur sort
beaucoup plus dur. Ainsi, cette
femme était tout à son aise le tyran
des enfans de sa sœur, et leur en-
viait d'avance l'immense héritage
de leur père.

« Mademoiselle de Germance
souffrait bien de voir les mauvais
traitemens dont Léonore accablait
ses nièces; mais comme elle avait
osé une fois lui en faire des repro-
ches, et que Léonore l'avait reçue

avec son ton impérieux, en la me-
naçant de la faire mettre à la porte,
si elle récidivait, mademoiselle de
Germance se taisait, et se conten-
tait de consoler les enfans, en ar-
rière et quand elle en trouvait le
temps. Sa faible tête l'empêchait
de se montrer autrement, et tout
allait ainsi au gré de la mégère.

« Il y avait six ans qu'elle régnait
ainsi en souveraine dans la maison
de son beau-frère, lorsque M. de
Germance mourut après une maladie de huit jours. Comme il n'avait
point de parens, on ouvrit son tes-
tament pour voir s'il n'avait pas fait
des legs à quelques étrangers. M. de
Germance n'avait laissé que quelques rentes à ses domestiques. Il
nommait ses deux filles ses légatai-
res universelles, à condition qu'el-

les prendraient soin de sa sœur de Germance jusqu'à sa mort. Cette succession était considérable; elle laissait à chacune des deux demoiselles, au moins cinquante mille livres de rentes. Cela était friand, pour l'appétit dévorant de Léonore! Avec cela, M. de Germance l'avait nommée tutrice de ses enfans : elle avait beau jeu pour satisfaire sa cupidité.

« Elle ne se vit pas plutôt dispensatrice unique de cette grande fortune, qu'elle se rapprocha de mademoiselle de Germance, lui fit des cadeaux, tâcha de reconquérir son amitié, ce qui n'était pas difficile; car la bonne demoiselle n'en voulait à personne, et ne demandait pas mieux que d'être bien avec tout le monde. Le but de Léonore

était de l'engager à déterminer Mélanie à se faire religieuse. Mademoiselle de Germance fut enchan-
tée de trouver l'occasion de faire
faire à sa nièce ce qu'elle appelait
son salut. Elle tourna si bien l'esprit de Mélanie, qu'elle l'amena à
un consentement.

« Mélanie avait dix-neuf ans;
elle eût pu sans doute désirer les
nœuds du mariage; mais elle avait
tant souffert avec Léonore qu'elle
ne pouvait pas la souffrir, et elle
eût fait un effort plus grand que
celui-là pour se séparer, le plus tôt
possible, de cette méchante femme.
Elle se résolut donc à prendre le
voile, et à laisser ainsi à sa sœur,
qu'elle aimait tendrement, sa part
de l'héritage de leur père.

« Ce qui va sans doute vous sur-

prendre, mes enfans, c'est que vous
connaissez parfaitement cette religieuse; c'est la mère Saint-Ambroise
qui vous a dit tant de mal de moi... »

Jean s'écrie : C'est la mère Saint-
Ambroise !

— Elle-même; elle fut la sœur
de mon adorable Edeline; mais,
abusée ensuite par les faux rapports de sa tante Léonore, elle
est devenue mon ennemie, sans
que je lui aie fait jamais la moindre
peine.

— Elle n'est point votre ennemie, monsieur le chevalier; elle
peut être, comme vous le dites, abusée sur votre compte; mais elle est
incapable de vous nuire.

— Je le sais; aussi vous ai-je toujours dit que je la respectais beaucoup. Hélas! et c'est encore par

ménagement pour cette digne religieuse que j'ai tant tardé à prouver
mon innocence... à punir !... Mais
poursuivons.

« Vous voyez que Léonore est
déjà débarrassée d'une des héritières
de M. de Germance. Comment
fera-t-elle pour perdre l'autre,
c'est ce que nous verrons par la
suite.

« Aussitôt après la prise d'habit
de Mélanie, Léonore se remaria
( nous allons la voir désormais sous
le nom qu'elle a rendu odieux).
Elle épousa un jeune homme nommé
Herbert, qui avait douze ans de
moins qu'elle. Ce monsieur Herbert n'avait pas d'autre état que
celui de faire des bassesses et des
dupes; il travaillait pour les huis-
siers, pour les débiteurs, pour tous

ceux qui avaient l'improbité d'employer ses petits talens. Ainsi, il était tantôt record, tantôt assistant ou témoin pour des saisies, ce qu'on appelle en termes honnêtes, être *praticien*. Il faisait des faux en écritures à tant la ligne; il soustrayait des pièces, en fabriquait d'autres; enfin il était bon à tout; j'entends à tout ce qui constitue la plus vile friponnerie. Ce métier pourtant ne l'avait pas enrichi; il aimait le jeu, la dépense, et, comme il avait vingt fois risqué d'être repris de justice, il mangeait **tout**, disait-il lui-même effrontément, parce qu'il ne savait pas le temps qu'il avait à vivre... ce qui veut dire, en d'autres termes, qu'il s'attendait à tout moment à être pendu ! ! !

« Voilà pourtant l'homme qui s'é-

duisit l'altière, la fière Léonore. Il
était assez bien de figure, hypocrite
avec cela, patelin, câlin et flatteur.
Il fallait, à une femme impérieuse
comme Léonore, un homme qui
cédât à tous ses désirs, et ne lui ré-
pondît jamais que par oui. Si elle
avait eu un mari de son caractère,
ils se seraient battus comme les mé-
nages de la canaille.

« Elle l'épousa donc, dans le
dessein de lui faire partager, par la
suite, l'immense fortune des enfans
de Germance. Il était bien capable
de lui donner des conseils pour en
venir à bout, et c'était en cela seul
qu'elle pouvait l'écouter.

« Dans le fait, Léonore n'avait
pas plus de biens qu'Herbert; mais
ils étaient à la tête de l'héritage;
ils ne le ménageaient pas, et, comme

s'ils en eussent été propriétaires, c'était un train chez eux, un ton, une dépense qui y attiraient beaucoup de monde. Le plaisir était sans doute attrayant pour eux; mais il pouvait leur faire manquer le but auquel ils tendaient. Edeline était arrivée à l'âge de dix-sept ans; elle était d'une beauté parfaite; ses grâces, la douceur de sa voix, son esprit, tout charmait en elle. En outre de cela, elle avait la réputation d'être un riche parti, et dans les bals, dans les soupers fins que donnait madame Herbert (je ne citerai plus que rarement son mari, qui n'était que le très humble exécuteur de ses ordres), dans ces réunions, dis-je, il pouvait se présenter un aspirant à sa main; elle pouvait elle-même se prendre de belle passion pour quelque jeune blondin, et madame Herbert était bien éloignée de vouloir la marier. On n'avait pas pu la forcer à se faire religieuse, comme sa sœur, ce qui eût fait crier tout le monde; mais on voulait qu'elle gardât le célibat. Madame Herbert avait eu successivement un garçon et une fille en deux années de temps; elle voulait leur ménager la fortune d'une cousine, qu'on saurait bien déterminer à rester fille. Du moins tel était le projet de madame Herbert, et l'état de soumission, de terreur même, dans lequel elle avait élevé Edeline depuis l'âge de six ans, lui persuadait qu'elle saurait toujours maîtriser ses actions.

« Ce qu'elle avait prévu arriva. Parmi les jeunes gens qui fréquen-

taient sa maison, il s'en trouva un,
nommé Ferville, qui devint éperduement amoureux d'Edeline. Ce
Ferville se donnait pour un homme
de condition, libre de sa main, d'une
brillante fortune, et à qui des parens,
éloignés pour le moment, devaient
en laisser davantage. Il était très-
bien logé à Paris ; il avait des che-
vaux, une voiture, un train fait
pour en imposer, et il plaisait beaucoup à madame Herbert qui l'aurait volontiers échangé contre son
mari dont elle commençait à se dé-
tacher ; mais Ferville en voulait à
Edeline ; il osa même lui parler de
sa passion. Edeline l'écouta froidement et même avec chagrin ; car
son jeune cœur avait déjà fait un
choix. Faut-il vous dire, mes enfans, sur qui était tombé le choix

si flatteur de cette charmante personne? c'était sur moi!... Me voilà
naturellement amené à vous parler
de ce qui me concerne.

« J'étais en très-bas âge quand
j'eus le malleur de perdre mes père
et mère. Il me restait deux oncles,
l'un résidant à Saint-Domingue,
l'autre en France ; ce dernier fut
mon tuteur : comme il était colo-
nel du régiment dans lequel servait
Rodolphe Monjoly, votre oncle, et
qu'il distinguait particulièrement le
lieutenant Rodolphe comme un
homme plein de courage et d'honneur ; je me liai avec ce jeune homme
qui était à peu près de mon âge ; il
devint mon meilleur ami ; à Paris
et dans les garnisons, nous ne nous
quittions pas, et Bernard, que je
pris alors pour mon domestique,

l'était de nous deux. Après avoir fait honorablement plusieurs guerres dans lesquelles la valeur de Rodolphe le fit élever au grade de capitaine ; revenus à Paris pour nous délasser de nos fatigues, nous y passâmes l'hiver ; l'été, j'emmenai mon ami à mon château de Saint-Amand, que je tenais de l'héritage de mon père, et là, la promenade, la lecture, la chasse, et la société de quelques voisins, nous firent passer le temps très agréablement. Hélas! ce fut ma dernière année de bonheur; toutes les autres, depuis!... Fallait-il que la funeste passion de l'amour vint détruire ma sérénité!

« A l'automne nous revînmes à Paris, où nous fûmes invités à un bal chez madame Herbert, par un officier, notre camarade, qui avait la

permission d'y amener des amis.
Fatale démarche! qu'elle m'a coûté
chèr! Car, vous vous en doutez,
mes enfans, voir et adorer Edeline
fut pour moi l'affaire d'un moment.
Pendant tout le bal, je ne cessai
d'admirer cette belle personne, et,
lui ayant adressé quelques mots flat-
teurs, je crus m'apercevoir qu'ils
furent mieux reçus que les fades
complimens que lui débitait une
foule d'étourdis. Elle me voyait cependant pour la première fois;
mais l'amour avait décoché deux
traits à la fois; Edeline, elle me l'a
dit par la suite, m'aima dès cette
première entrevue.

« Je fis, le soir même, à Rodolphe, l'aveu de ma passion naissante.
Lui, espèce de Mentor inaccessible
aux flèches de l'amour, en sourit

d'abord ; puis il me dit ensuite avec tristesse : Je ne crains qu'une chose, si vous vous mariez, c'est que je ne perde mon ami. —Comment cela, mon chér Rodolphe, lui demandai-je? — C'est, me répondit-il, qu'une femme souvent change bien le caractère d'un homme. — Mon caractère est comme mon cœur ; ce dernier peut bien connaître l'amour et ne jamais renoncer à l'amitié.

« Rodolphe qui n'avait pas dansé, avait joué et causé dans le salon. Il m'apprit qu'Edeline était une riche héritière ; mais que sa tante ne voulait pas la marier. Déjà il s'était présenté plusieurs partis sortables qu'elle avait refusés. Cette objection ne me découragea pas ; je pensai qu'avec mon rang et ma fortune, les parens de la fille d'un financier

ne pourraient pas me refuser sa
main, et je continuai mes visites
chez madame Herbert. J'étais par-
venu à obtenir d'Edeline quelques
mots qui encourageassent mon
amour ; elle m'avait fait entrevoir
que de tous les jeunes gens qui fré-
quentaient la maison, j'étais le seul
qui dût concevoir des espérances.
Cet aveu m'enhardissait, et j'allais
la demander sérieusement en mariage, lorsque Ferville fit sa décla-
ration d'amour.

« Elle lui répondit qu'elle était
décidée à garder le célibat, que
rien au monde ne pourrait la faire
changer de résolution. Il insista;
elle lui répliqua toujours la même
chose, et il osa prendre l'extrême
liberté de se jeter à ses genoux.
Cette scène se passait dans le salon

où Ferville était venu trouver Edeline qui s'y trouvait pour le moment
seule. J'entre; je vois Ferville à ses
pieds. Edeline se lève, en me jetant
involontairement un regard des
plus tendres, qui n'échappa pas à
Ferville. Je m'écrie : Que vois-je!...
Edeline répondit : Un importun
dont je vous prie, monsieur, de me
débarrasser, en me menant chez
ma tante... Elle me donne la main;
nous sortons du salon et nous y laissons Ferville bien étonné de ce
qu'il vient de voir et d'entendre.

« Ferville reste machinalement à
genoux, ne pouvant en croire ses
yeux ni ses oreilles; il se lève furieux! J'ai un rival, se dit-il, je
m'en étais douté.

« Nous ne pûmes entendre que

5.

cette exclamation. Il disparut et ne revint point pour le souper.

« Je ne connaissais Ferville que pour l'avoir vu dans la maison Herbert, et avoir causé avec lui sur les charmes de la belle Edeline. Il était plus malin que moi, qui n'avais jamais deviné qu'il fût mon rival ; je ne fus point étonné de le voir venir le lendemain matin chez moi ; je m'attendais à une explication.

« Il entre, me salue froidement et me dit : M. le chevalier, vous aimez la charmante Edeline ? — Comment supposez-vous cela, monsieur ? — Votre exclamation d'hier, *que vois - je !* n'était point celle d'un homme indifférent, seulement étonné ; mais c'était le cri de dépit d'un amant ! — Moins heureux que vous, puisque vous en étiez déjà à

vous jeter aux genoux...—L'ironie
est fort mal placé ici ; j'ai surpris le
regard qu'Edeline vous a lancé. —
Encore une supposition! — Je ne
suppose rien, monsieur; vous êtes
mon rival. —Je le suis, monsieur,
il est vrai... Eh bien! à quoi en
voulez-vous venir? à nous couper
la gorge comme deux rivaux de ro-
man?—Il n'est point question de
cela, monsieur; j'aime, j'adore...
Aimez-vous autant que moi? —
Plus que vous, monsieur Ferville,
j'en suis sûr; car je mourrai plutôt
que den'être pas l'époux d'Edeline.
— Je me perce le sein de cette épée,
s'il me faut renoncer à sa main! —
Voilà deux amans!... — Comme
elle les mérite, car on ne peut pas
l'aimer à demi. —Cela est vrai.
Quel est donc votre but en me fai-

sant cette visite? vous en avez un
sans doute? — Le voici. Comme il
serait injuste et barbare que nous
allassions vous et moi, hasarder
notre vie dans un combat singulier
dont l'issue est toujours douteuse,
je viens vous proposer un pacte de
paix, d'union, de résignation au
malheur. — Comment? — Vous
êtes préféré pour le moment; mais
je puis trouver les moyens de me
faire aimer à mon tour; renouve-
lons une alliance entre rivaux, dont
on a déjà vu quelques heureux
exemples? Jurons de rester amis,
de faire séparément tous nos efforts
pour obtenir de madame Herbert
la main de sa nièce, et que celui
qui aura été le plus heureux cède le
pas à l'autre sans murmurer. — Ce
traité me plaît; j'y souscris de bon

cœur. — Mais pas de trahison !
qu'on ne cherche pas à se nuire !
qu'il n'y ait, de part ou d'autre,
des calomnies ni des traits noirs,
insultans, indignes d'ennemis généreux ! — Je le promets pour moi.
— Et moi, je vous en donne ma
parole d'honneur. Embrassons-
nous !

« Nous nous embrassâmes et dès
ce moment nous fûmes unis ; mais
cette union singulière ne dura pas
long-temps, et ce ne fut pas moi
qui rompis la trève. Sûr d'être aimé
d'Edeline, je pouvais faire cet ar-
rangement, dont je ne redoutais
rien, et qui devait forcer mon rival
à se résigner au dénouement. Je
crus devoir néanmoins prendre les
devans sur lui, et aller, le premier,
demander à madame Herbert la

main de sa nièce. Elle reçut ma demande en reine qui répondrait du
haut de son trône : Monsieur, me
dit-elle, j'ai déjà refusé trois partis
pour ma nièce; j'en refuserai quatre,
j'en refuserai vingt, quelque avan-
tageux qu'ils paraissent. Sa main que
vous ambitionnez tous, messieurs,
est promise dès son enfance. Je la
réserve à quelqu'un qui la mérite
autant que personne, et qu'on con-
naîtra bietôt; car je ne tarderai pas
à faire ce mariage. Telle est ma
réponse. Vous sentez assez que,
d'après votre demande et mon refus, vous ne devez plus vous présenter ici : ainsi, je vous salue.

« Elle passa dans une autre pièce
qu'elle referma sur elle. Je fus piqué sans doute; mais ce qui m'affecta
le plus, ce fut de voir que, par une

précipitation mal entendue., je m'étais privé du bonheur de voir désormais ma chère Edeline. Sa tante ne voulait plus souffrir mes visites, et mon rival, plus heureux que moi, était libre encore de faire sa cour à celle qui commençait à m'aimer sans doute, mais qui pouvait finir par le préférer, par céder au moins à ses importunités. Cependant une réflexion me rassurait sur ce rival. Il n'était pas sûr qu'il obtînt plus que moi la main d'Edeline, puisque cette main était promise depuis long-temps et qu'on allait la donner à un étranger. Quel était cet étranger? Je fis la revue dans ma tête de tous les jeunes gens qui venaient habituellement chez madame Herbert, et je n'en vis pas un qui fît plus l'empressé auprès de

2.

la nièce et obtînt assez d'égards
particuliers de la tante pour qu'on
le soupçonnât d'être le prétendu.

« Je trouvai le moyen de faire
parvenir à Edeline une lettre dans
laquelle je lui demandais si elle connaissait le choix qu'on avait fait
pour elle. Elle me répondit qu'elle
l'ignorait, que je lui en donnais la
première nouvelle, et qu'elle n'ai-
merait et ne préférerait jamais que
moi.

« J'adorais Edeline ; j'appréciais
sa beauté, ses grâces, son esprit,
son excellent cœur ; mais je savais
en même temps que, tenant un peu
du caractère de sa tante de Germance, elle était craintive, faible,
timide, irrésolue, peu capable de
prendre un parti et de le suivre.
Madame Herbert, qui, dès son en-

fance, l'avait habituée, ainsi que sa
sœur Mélanie, à obéir au plus léger
coup-d'œil, avait sur elle un em-
pire suffisant pour lui faire signer
tous les actes qu'elle lui aurait pré-
sentés. Ainsi donc, cette réponse
ne me rassura point.

« Je me gardai bien de dire à
Ferville le refus que j'avais éprouvé,
afin qu'il précipitât à son tour sa
demande, et qu'il fût évincé comme
moi. C'est ce qui arriva. Ferville
reçut la même réponse et le même
ordre de s'éloigner de la maison.

« Il vint m'en faire part, en me
demandant si j'avais mieux réussi
que lui. Je lui appris que nos chan-
ces étaient égales, et nous confon-
dîmes ensemble nos chagrins et nos
regrets. Nous convînmes de nouveau que nous n'en ferions pas

moins séparément tout notre possible pour plaire à la jeune personne, pour lui parler, pour la voir,
et que celui de nous deux qui ne
serait pas honoré de son choix, de
son amour, céderait de bonne grâce
la place à l'autre et se retirerait;
singulier accord pour deux rivaux,
convention impossible à tenir! Vous
en aurez bientôt la preuve.

« Je vous ai dit que madame Herbert.... »

Ici, le chevalier de Saint-Amand
fut interrompu par son avocat, qui
voulait lui parler. Ils causèrent bas
quelques momens ensemble. L'avocat sortit, et le chevalier reprit sa
narration en ces termes.

## CHAPITRE II.

*Mariage de comédie. L'homme à deux*
*réputations n'en aura bientôt plus qu'une.*

« Je vous ai dit que madame Herbert sentit trop tard la sottise
qu'elle avait faite , vu ses projets,
de donner des bals , des soupers,
de recevoir tant de monde chez
elle. Ferville et moi nous ne fûmes
pas les seuls qui lui demandèrent
la main de sa nièce ; elle fut obligée
de la refuser à plus de dix autres
jeunes gens ; moi, je ne prisais que
la beauté d'Edeline , les autres con-
voîtaient en même temps et sa

beauté et sa fortune. Madame Herbert, pour mettre fin à tant de demandes, imagina un moyen qui ne lui réussit que trop auprès de la faible Edeline. Elle avait un cousin, nommé Mérancy. Ce cousin, gentilhomme, sans aucune espèce de moyens d'existence, lui parut propre à jouer le premier rôle dans la comédie qu'elle inventa. Elle lui proposa de lui faire, sa vie durant, dix mille livres de rentes bien assurées, s'il voulait consentir à passer, dans le monde, pour le mari d'Edeline, mais à une forte condition, qui fut, que Mérancy n'en aurait aucun titre par écrit et ne s'en arrogerait aucun droit. Comme il ne pouvaity avoir, dans cet hymen simulé, ni contrat, ni messe, il devait vivre avec Edeline comme

un frère avec sa sœur. Cette clause
fut bien convenue, et Mérancy était
d'autant plus en état de l'exécuter
à la lettre que c'était un grand sot
à qui on ne connaissait aucune autre
passion que celle de la table, de la
chasse et le goût de la paresse.

« Mérancy, enchanté de gagner
dix mille livres de rentes sans rien
faire, promit, et tint en effet sa
parole à la lettre.

« En conséquence, madame Herbert, qui avait enfin banni toute
société de chez elle, partit dès les
premiers beaux jours de mars, pour
sa campagne, ou plutôt celle d'E-
deline, qui était voisine d'une demi-
lieue de mon château de Saint-
Amand. Elle n'emmena aucun domestique de Paris, et ne partit
qu'avec son mari, M. Mérancy,

Edeline et une femme de chambre affidée. Elle laissa à Paris la bonne demoiselle de Germance, dont elle n'avait que faire, en lui disant qu'elle ne passerait que huit jours à la campagne.

« Arrivée au domaine de Germance, madame Herbert, sans parler à qui que ce fût, s'enferma avec son mari et la belle Edeline ; elle dit à cette dernière : Mademoiselle, je vous ai fait venir ici presque secrètement, pour vous donner un ordre qui, je l'espère, sera suivi par vous. Vous tremblez ? Rassurez-vous. Je ne veux que votre repos et votre tranquillité à venir ; car le mariage n'est pas fait pour vous ; avec votre caractère, faible comme celui de votre tante, un mari vous rendrait la plus malheureuse des

fommes. Je veux vous épargner
cette infortune. Cependant, puisque vous avez plus de dix-sept ans,
que vous êtes assez bien, riche surtout, la cupidité des hommes leur
fait rechercher votre main. Pour
mettre fin à tant de demandes,
auxquelles je suis toujours obligée
d'opposer un refus, je vais feindre
aux yeux du monde que je vous ai
mariée. Sans contrat, sans notaire,
sans cérémonie d'église, je vous
donne un époux qui ne sera pour
vous qu'un frère; c'est Mérancy,
votre cousin et le mien. Il est déjà
prévenu; il doit vous appeler sa
femme, et je vous ordonne de le
nommer votre époux. Vous parais-
sez d'un étonnement!... Ah, je de-
vine votre scrupule. Votre appartement sera toujours sous la clef du

mien, et nous y enfermerons Mérancy qui ne pourra jamais pénétrer jusqu'à ma chambre à coucher
où je ferai placer, pour vous, un
lit à côté du mien, tant à Paris
qu'à la campagne. D'ailleurs votre
prétendu mari est un homme d'honneur qui m'a donné sa parole de ne
jamais abuser d'un nom supposé,
dont il n'a ni les titres ni les droits.
Ainsi dès ce moment, ma nièce,
je vous donne le nom de madame,
et je vais instruire tout le domaine
de ce soi-disant mariage qui sera
censé s'être fait à Paris, sous le
secret d'abord, pour ne pas allu-
mer la jalousie des nombreux rivaux
de Mérancy..... Vous pleurez! »

« C'était la seule défense de la
pauvre Edeline, quand sa mégère
de tante lui donnait des ordres qui

la chagrinaient. Elle eut cependant la force de lui répondre : Ainsi, madame, vous me sacrifiez à un fantôme de mari, à un prétendu lien qui n'existe point ? — Vous sentez qu'il vous sera toujours facile de le rompre par la suite, s'il vous pèse trop et si je veux bien y consentir... Je ne dis pas que cet état de choses durera éternellement ; mais il est nécessaire pour le moment ; il nous met à l'abri des persécutions sans nombre, que j'éprouve pour donner votre main que mille adorateurs se disputent... Laissons-nous le temps au moins de faire un choix ; nous dévoilerons notre ruse quand cela nous conviendra. — Madame ! je ne puis consentir... — Vous ne pouvez !..... Oubliez-vous que je vous l'ai ordonné, et que je n'entends

pas qu'on résiste à mes ordres. —
Faut-il, madame, que je sois la victime de votre... de votre cupidité.
— De ma cupidité! Qu'est-ce que
ce mot là, madame! Vous ne m'a-
vez jamais parlé de ce ton! Ce terme
insultant!... Je comprends; vous
prétendez que je veux que vous res-
tiez fille afin de laisser, par la suite, votre fortune à mes deux enfans?
Eh bien, quand cela serait! si tel
était mon but, il ne serait que le
vœu d'une mère tendre, et vous,
vous rempliriez le devoir d'une
parente sensible, obligeante envers
une cousine et un cousin charmans,
dont la mère aurait pris soin de
votre enfance. Croiriez-vous mal
faire, madame de Mérancy? »

« Elle se lève et dit avec chaleur :
au surplus, je n'entends plus de ré-

plique, il faut que vous acceptiez
ce nom honorable que je viens de
vous donner, sinon!.. j'ai encore
des droits sur vous; ceux de tutrice
ne sont pas expirés, un couvent me
répondra de votre docilité. Je vous
supposerai des torts, des fautes,
des vices même, s'il le faut, et je
vous tiendrai, toute votre vie, dans
la réclusion la plus dure!

« Elle l'aurait fait; Edeline frémit
en pensant qu'elle était en état de
le faire. Toute autre à sa place aurait
tenu tête à ce démon, imploré l'as-
sistance de quelqu'un, la protection
des lois; mais Edeline eut peur de
son tyran; elle consentit à tout.
Madame Herbert, sans être touchée
de ce sacrifice, lui répondit sèche-
ment : Voilà qui est entendu; vous
me promettez de ne révéler à per-

sonne ce secret, de ne dire à qui
que ce soit au monde que vous n'êtes
pas la femme de Mérancy? prenez-y
garde ; la moindre indiscrétion vous
perdra ; je suis capable d'employer
le fer, le poison même, pour me
venger de vous, si vous me trahis-
sez. Préférez de vivre en faisant mes
volontés, ou de mourir sous mes
coups, si vous me désobéissez. Vous
savez si je suis capable d'exécuter
une pareille menace.

« Le lâche Herbert dit en sou-
riant : Elle ne s'y exposera pas, ma
femme, elle sent trop bien l'impor-
tance de vos ordres pour s'y opposer. A présent, je puis faire entrer
Mérancy.

« Il va chercher ce benêt d'époux
simulé. A son arrivée, madame
Herbert change de figure, de ton

et de langage. Elle sourit, elle se
donne des graces, elle parle avec
douceur. Approchez , dit - elle à
Mérancy , venez , trop heureux
mortel! si ma nièce ne peut vous
offrir que le charme de son entre-
tien et la vue continuelle de sa jolie
figure , au moins vous en jouirez
seul , en dépit de tous vos rivaux ,
qui seront forcés de déserter votre
maison. M. de Saint - Amand ,
M. Ferville et tant d'autres , ne
pourront plus vous disputer un objet que vous serez censé posséder ;
ils en mourront de dépit!

« A mon nom, Edeline soupira,
leva les yeux au ciel ; mais ses per-
sécuteurs ne s'en aperçurent pas.
Mérancy balbutia quelques mots sur
son bonheur, le respect qu'il voulait garder toujours envers mademoiselle , ou plutôt madame...

« Il s'embrouilla et ne put jamais prononcer son nom.

« Dès ce moment, on présenta à tous les gens Edeline comme madame de Mérancy, mariée à Paris, et madame Herbert envoya à toutes ses connaissances des billets de *faire part* conçus en ces termes :

« Madame *Herbert* a l'honneur
« de vous faire part du mariage de
« mademoiselle *Edeline de Ger-*
« *mance*, sa nièce, avec M. *Achille*
« *de Mérancy*, son cousin.

« Du domaine de Germance, etc. »

« Suivant l'usage, il y avait, inclus dans ce billet, celui qui suit :

« M. *de Mérancy*, ancien capi-
« taine aux gardes, a l'honneur de
« vous faire part du mariage de
« M. *Achille de Mérancy*, son fils,

---


« avec mademoiselle *Edeline de*
« *Germance.* »

« On eut la malignité de m'adres-
ser ces deux avis, et je crus, comme
tout le monde, que madame Herbert avait sacrifié en effet sa nièce
à son cousin. Mais comment Edeline avait-elle pu consentir à ce
mariage, elle qui m'avait tant promis!..... Comment? son odieuse
tante l'y aura forcée par les moyens
les plus violens sans doute; car elle
est capable de tout.

« Ferville vint me voir; il avait
reçu, comme moi, les deux billets;
il était furieux. Vengeons-nous, me
dit-il, et si l'un de nous n'a pu obtenir Edeline, qu'un autre ne la
possède pas; que notre rival pé-
risse! — Ah, mon ami, lui répondis-je, y pensez-vous! — Je ne

puis résister à l'affreuse jalousie qui me dévore. Edeline n'est pas à moi ; un autre ne doit pas l'avoir.

— Vous me faites trembler sur les suites du traité que nous avions fait ensemble. C'est-à-dire que si j'avais eu le bonheur de posséder Edeline, vous m'auriez..... — Assassiné ? oh, non ; mais nos épées eussent décidé de nos jours à tous deux ! — Voilà comme vous auriez tenu votre parole d'honneur ! — L'amour, la jalousie étouffent tout autre sentiment en moi. — O ciel ! que me dites-vous ? — La vérité : écoutez Saint-Amand, liguons-nous contre ce Mérancy que je déteste ; tâchons de le perdre par quelque noirceur ; que la calomnie, s'il le faut, vienne à notre secours !

« Indigné ! je m'écrie : Moi, Fer-

ville !... n'espérez jamais... retirez-
vous; vous me faites horreur. —
Horreur ! — Oui, plus de commerce
désormais entre nous ; je rougis d'a-
voir pu être lié quelque temps avec
un homme capable de méditer de
pareils projets! liguez-vous plutôt
avec madame, Herbert ; c'est la société qui vous convient.— Vous me
donnez là un excellent conseil, monsieur; aussi vais-je le suivre avec
empressement; c'est en m'introdui-
sant dans cette famille, en flattant
mon rival, que je parviendrai mieux
à l'étouffer !

« Il se retira et suivit en effet
mon avis, comme vous le verrez
par la suite. Il devint même mon
ennemi le plus acharné, et je ne le
revis plus qu'à une certaine époque...
que vous connaîtrez dans l'instant.

3

C'est celle où commencèrent tous
mes chagrins.

« Comme j'étais garçon, j'avais
alors chez moi une gouvernante,
une espèce de femme de charge, sujet dévoué et que l'on appelait Maria. La sœur de cette Maria était
une veuve qui avait hérité d'un mari
assez à son aise, et possédait une
petite métairie, à une lieue de chez
moi, où elle demeurait. Cette veuve,
nommée madame Frémin, était très
bonne femme; elle aimait la lecture, je lui prêtais des livres; je
l'aimais de franche amitié, et très
souvent j'allais prendre chez elle
du laitage qu'elle m'apprêtait de ses
mains.

« Une nuit d'été, c'était le dix
juillet, la chaleur m'ayant empêché
de dormir, je me levai à deux heu-

res, et je fus fort étonné de voir
mon ami Rodolphe se promener
déjà dans le parterre. Je courus le
joindre. Il était resté éveillé comme
moi, et, comme moi, il avait pris
le parti de se lever. Nous proje-
tâmes d'aller déjeuner avec du lait
chez la bonne madame Frémin, en
attendant la grande chaleur du jour,
qui nous avait empêchés, toute la
semaine, de sortir du château. Nous
nous acheminons donc, en nous
promenant, vers la métairie, et nous
y arrivons au moment où madame
Frémin l'ouvrait. Elle nous reçoit à
merveille, comme à son ordinaire;
elle nous prépare du lait, et, pendant ce temps, nous faisons deux
ou trois tours devant la porte de la
salle basse, qui donne sur la grande
route.

« Nous n'y sommes pas plutôt, que des cris perçans viennent frapper mon oreille. Il me semble même entendre prononcer mon nom. Nous regardons de tous côtés, Rodolphe et moi... nous ne voyons qu'une espèce de chaise de poste qui s'avance, et c'est de cette chaise que partent ces cris douloureux. Une femme nous voyant de l'intérieur, nous crie : Au secours, messieurs ? ma pauvre nièce va mourir ?

« Cette voix me frappe. Ne pouvant rien distinguer d'en bas à travers les jalousies qui couvrent les glaces de la voiture, je m'adresse au domestique qui la conduit, et je lui ordonne de l'arrêter. Le coquin, qui me reconnaît, veut passer outre, je tire mon épée, je l'en menace. Il arrête enfin, et la même

femme me crie : Monsieur de Saint-
Amand ! sauvez Edeline ! — Edeline ! Edeline est là-dedans ? avec
qui ? comment ?

« La chaise s'ouvre alors, et j'en
vois descendre Ferville qui, pâle,
ému, troublé, me dit : Ce n'est rien,
mon ami, une plaisanterie. Je voulais conduire Edeline chez.... chez
ma tante , et.....

« Mademoiselle de Germance
(car c'était elle qui avait parlé la
première) l'interrompt : C'est un
monstre, me dit-elle : il nous a en-
levées sous le prétexte de nous conduire chez vous. C'est une histoire
abominable , que je vous conterai ;
mais veuillez sauver ma pauvre
nièce ; elle est là, qui se meurt ! —
Edeline, grand Dieu ! Traître ! rends-
la moi, ou je te tue !

« Je tire mon épée; Ferville en fait autant; mais Rodolphe a l'adresse de lui enlever la sienne, avant qu'il puisse en faire usage.

« Edeline recouvre sa raison, me reconnaît, et s'écrie: Saint-Amand, sauvez-moi; c'est vous que j'aime, et non ce misérable.

« Je regarde Ferville avec le sourire de la rage, et je lui dis: Rappelez-vous, monsieur, nos conventions: Edeline a choisi; c'est à vous de vous retirer.

« Ferville redemande son épée que Rodolphe lui rend; il la remet dans son fourreau, remonte dans sa chaise, dont Edeline et sa tante sont descendues, et nous dit avec l'accent de la colère: Oui, oui, je me retire; mais tremblez! bientôt vous me reverrez.

« Il fait retourner sa voiture, et reprend la route de Paris.

« Madame Frémin vient m'aider à soutenir Edeline, qui est très-faible, tandis que Rodolphe soutient de son côté la bonne tante. Nous les faisons entrer dans la chambre où couche madame Frémin, qui leur prodigue tous les soins dont elle est capable.

« Il est si nouveau, pour Rodolphe et pour moi, si étonnant de voir là Edeline, que nous ne savons que penser d'un pareil événement. Mademoiselle de Germance nous l'explique.

« Ferville s'était, en effet, introduit chez madame Herbert, en jurant qu'il ne pensait plus à son amour. Il était devenu son meilleur ami, et la famille ne pouvait plus se

3.

passer de lui. A l'aide de cette fa-
miliarité, Ferville avait persuadé
secrètement à Edeline qu'il était
mon confident intime; qu'il n'était
revenu dans sa maison que pour lui
parler de moi, de mon amour, de
ma constance, du désir que j'avais
de la posséder. Il augmentait enfin
l'amour d'Edeline pour moi avec
toute l'activité d'un ami zélé que
j'aurais prié de me rendre ce ser-
vice; il me peignit même comme
malade d'amour, et prêt à mourir
de l'excès de ma passion.

« Edeline était tellement touchée
de ma position, qu'elle en avait
parlé à sa tante Germance, et l'a-
vait décidée à fuir, avec elle, la
maison de madame Herbert, où
elle était la plus malheureuse des
femmes. Ferville, supposant que

ma maladie m'empêchait d'écrire, avait montré des lettres que j'avais soi-disant dictées à mon secrétaire ou intendant, dans lesquelles je suppliais Édeline de suivre Ferville, qui devait l'amener à mon château. Je protestais à mademoiselle de Germance, que je conjurais d'accompagner sa nièce, que je lui ferais, pour sa vie, un sort bien plus doux que celui qu'elle avait chez madame Herbert.

« Enfin, j'étais si tendre, si touchant, que les deux dames avaient cédé. Le tour pouvait être grossier pour tout autre ; mais pouvait-on demander de la prudence, de la méfiance à la faible tête de la tante, et à l'amour ainsi qu'à l'inexpérience de la nièce!

« C'était dans la nuit même que ce

traître de Ferville venait d'effectuer
leur enlèvement. De fausses clefs,
dónnées par lui à ces dames, leur
avaient facilité la sortie de la maison
de Paris, par une porte qui donnait
dans une petite rue. Ferville était
là avec sa chaise, et son fidèle valet
de chambre pour la conduire. Une
fois hors de Paris, Ferville devint
plus empressé, plus libre auprès
d'Edeline ; il ne lui parla plus de
moi, mais d'une tante à lui, à qui,
disait-il, il était curieux de présenter ces dames avant de les conduire
chez son ami Saint-Amand. Au lieu
d'aller par Versailles, qui était le
chemin pour arriver à mon château,
son cocher avait pris la route de
Saint-Germain. Tout cela avait
commencé à donner des soupçons
aux deux dames. Enfin, Ferville, se

disant près de la demeure de sa
tante, et se croyant sûr d'y arriver,
avait dévoilé , en étourdi, ses véri-
tables projets.

«Ce n'était que pour lui qu'il avait
enlevé Edeline, et l'on était bien
dupe de le croire assez sot pour la
conduire à un autre. Cette odieuse
découverte avait effrayé la tante,
plongé la nièce dans un profond
évanouissement; Rodolphe et moi,
nous étions les seules personnes qui
eussent jusqu'alors frappé leurs regards, et auxquelles mademoiselle
de Germance eût pu demander du
secours ; et nous avons su, par la
suite, qu'en effet Ferville avait une
parente qui demeurait dans les en-
virons; qu'il espérait bien avoir le
temps d'arriver chez elle, d'y rete-
nir Edeline et de renvoyer sa tante

à madame Herbert. Il n'avait emmené cette tante que pour déterminer à la fuite Edeline, qui n'aurait pas voulu se confier, seule, à un homme.

« D'après tous ces jolis petis projets, Ferville dut être fort étonné de me rencontrer là, sur sa route, avec Rodolphe, et lorsqu'il n'avait plus que très peu de chemin à faire pour réussir dans son entreprise. Il lui fut impossible, comme vous le sentez bien, de nous résister, et il prit le parti de s'en retourner. Quant à moi, je m'empressai de consoler Edeline, de rassurer sa tante. Madame, dis-je à Edeline, pardon ; mais j'ai lieu de m'étonner que vous ayez jugé si mal de mon caractère et de la délicatesse de mes sentimens. Bien certainement

l'amour que je ressens pour vous
est extrême ; il est au-delà de toute
expression ; mais jamais il ne m'aurait fait manquer à ce point à
l'honneur ! Moi, grand Dieu ! moi,
enlever une femme mariée ! Oh,
je respecte trop ce lien sacré pour...
— Edeline m'interrompt : J'aurais,
dit-elle, le même reproche à vous
faire, mon cher Saint-Amand ; vous
me croyez donc, de votre côté, assez méprisable pour rompre sans
pudeur ce lien du mariage, que je
regarde aussi saint que vous l'esti-
mez ? Moi, j'aurais bravé toutes
les convenances, quitté mon mari,
sa maison, pour courir après un
amant ! Cette digne tante que voilà, et dont vous connaissez les ri-
goureux principes, aurait outragé
la morale au point de m'enhardir,

comme elle l'a fait, dans le coupable projet de m'accompagner dans une fuite aussi honteuse ! Ah ! pensez que nous sommes plus estimables que vous ne le croyez ! Je n'aurais jamais suivi les conseils de ce perfide Ferville, si j'étais mariée ! Mais....

— Comment ?

— Je vous dis que je ne suis point mariée.

— O ciel ! ô bonheur !

— Ferville l'a toujours cru, il le croit encore, et il n'en est que plus vil.

— Est-il possible, belle Edeline! Ce M. de Mérancy ?...

— Il n'est point mon époux; il ne le sera jamais...... J'ai confié ce secret à ma tante de Germance ; je dois vous le confier aussi pour jus-

tifier à vos yeux ma conduite dans
ce malheureux enlèvement.

Edeline me donna alors les détails de son faux mariage, tels que
je viens de vous le rapporter tout-
à-l'heure. Jugez de ma joie, mes
enfans! elle fut au comble. Je voyais
Edeline libre de sa main, en ma
puissance, et sous la garde d'une
tante respectable. Il ne fallait qu'un
protecteur à cette chère Edeline.
Je le suis, m'écriai-je, je veux l'être.
Il y a des lois; je les implorerai, s'il
le faut, pour mettre un frein à la
cupide ambition de madame Herbert. En attendant, je me déclare,
pour vous, un défenseur bien fait
pour lui tenir tête, et vous ne sor-
tirez point de chez moi.

« Cette digne tante voudra bien
partager votre asile, et c'est en

cela que Ferville a eu raison de lui
promettre, de ma part, un sort plus
heureux. Ce Ferville est-il assez
lâche, vous croyant mariée, de se
servir de l'amour que vous avez
pour moi, pour vous enlever! Il se
sait haï de vous, et il cache sa faute,
sa honte, sous l'abri d'un rival!...
Mais, madame Herbert!.... Oh,
madame Herbert! le temps de son
despotisme est passé! elle ne régne-
ra plus sur deux timides et faibles
créatures! elle trouvera, comme
on dit, à qui parler, et elle sera
forcée de respecter vos droits,
que je saurai mettre au grand
jour.

« La bonne mademoiselle de
Germance me remercia du soin que
j'allais prendre des intérêts de sa
chère nièce; elle me témoigna le

désir qu'elle avait de pouvoir me
nommer, un jour, son neveu, et
la belle Edeline remercia le ciel
de l'avoir sauvée des mains du plus
perfide et du plus infâme des ravis-
seurs, pour la remettre dans cel-
les de l'homme qu'elle aimait le
plus au monde.

« Rodolphe courut à mon château pour faire venir une voiture;
pendant ce temps, je restai auprés
des dames, qui tremblaient, si je
les laissais seules, que leur ravisseur
ne revînt. Rodolphe, à son retour,
m'aida à placer la tante et la nièce
dans mon carrosse, et nous les
amenâmes à Saint-Amand, où je
les confiai aux soins, ainsi qu'à la
discrétion de ma fidèle Maria,
deux choses sur lesquelles je pouvais
compter de sa part.

« Cependant ce fou de Ferville ne se crut pas battu. Vous allez voir ce qu'il entreprit. »

## CHAPITRE II.

*Evénemens tragiques.*

« Il faut savoir d'abord que Ferville, pour détourner le soupçon qu'il fût l'auteur de l'enlèvement d'Edeline et pour en rejeter la faute sur moi avait, pendant la nuit, dans la rue, et avant que les dames se livrassent à lui, jeté une lettre cachetée dans le soupirail de la cave qui appartenait à madame Herbert: il s'était dit : Pendant que l'on croira Edeline chez Saint-Amand, on ne la cherchera pas ailleurs,

j'aurai le temps de la cacher où il
me plaira, et tout l'odieux du rapt
d'une femme mariée retombera sur
lui.

« Dès que madame Herbert s'a-
perçut, le matin, de la disparition
d'Edeline et de sa tante, elle devint
furieuse, ne sachant sur qui faire
tomber ses soupçons. Elle était bien
éloignée de penser à Ferville,
qu'elle regardait comme son meilleur ami.

Qui donc avait pu enlever ces
dames au moyen des fausses clefs
qu'on avait trouvées aux portes?
Ses doutes furent bientôt éclaircis
par le cuisinier, qui vint lui appor-
ter une lettre trouvée dans la cave
et qu'on y avait, selon lui, jetée
sans doute par le soupirail; car
cette lettre était pleine de toiles

d'araignées qui, en effet, paraissaient avoir été arrachées par elle, le long du mur du soupirail. Cette lettre était à l'adresse de madame Herbert et signée de moi. Comme elle ne connaissait pas mon écriture, il était facile de la tromper. Elle lit :

« Le chevalier de Saint-Amand,
« piqué des refus que lui fit essuyer
« madame Herbert, éperduement
« amoureux de la belle Edeline de
« Mérancy, voulant la ravir à un
« époux indigne d'elle, la soustraire
« aux cruels traitemens qu'elle
« éprouve d'une méchante tante,
« l'a ravie, cette nuit, de son pro-
« pre consentement, ce dont ma-
« dame Herbert s'assurera par le
« billet ci-inclus, de la main d'E-
« deline, qu'elle connaît bien.

« Le chevalier de Saint-Amand est
« en garde contre les vaines pour-
« suites qu'on pourrait faire. »

« Ferville, qui avait écrit ou fait
écrire cette lettre en mon nom, y
avait ajouté un billet reçu par lui,
la veille, et qui était véritablement
de la main d'Edeline. L'ambiguité
de ce billet favorisait en effet son
projet de me faire passer pour le
ravisseur. Voici ce qu'il contenait:

« Venez cette nuit, comme nous
en sommes convenus. A deux heures. Ma bonne tante de Germance
est prête à m'accompagner. Nous
brûlons toutes les deux de nous
voir sous la protection de l'estimable chevalier de Saint-Amand, à qui
j'ai juré amour pour la vie ! »

« Madame Herbert, son mari et
Mérancy jettent les hauts cris; ils

sont, contre moi d'une **colère épou-**
**vantable,** et se consultent pour savoir de quelle manière ils devront
m'attaquer. Ils sont trop troublés
pour prendre un parti ; mais Ferville vient à leur aide. Il entre, il
paraît pénétré de douleur. Il a, dit-
il, appris par les domestiques, l'enlèvement d'Edeline. Je suis un
monstre ; il m'abhorre ; il ne me
voyait déjà plus depuis long-temps,
il ne me reverra jamais. Il console
des parens, un époux affligés ; il
offre de courir, de faire des perquisitions ; on accepte ses services.
Il est convenu qu'il accompagnera
Mérancy, lequel, pour éviter d'a-
bord un coup d'éclat, viendra me
redemander sa femme. Ils prennent
encore d'autres petites mesures de
précaution que vous connaîtrez
bientôt.

T. 5.                                    4

« Il semblait que j'eusse un pressentiment de toutes ces menées ; car, le lendemain matin, persuadé que je verrais ou Ferville ou quelqu'un de la maison Herbert, j'envoyai les dames sous la garde de Maria, chez la bonne Frémin, avec prière de ne revenir que lorsque je les en avertirais. J'attendis jusqu'au soir, et, ne voyant venir personne, j'engageai mon ami Rodolphe, qui était un peu indisposé, à aller se jeter sur son lit, en attendant l'heure du souper.

« J'étais seul à me promener dans mon parterre ; il commençait à faire assez nuit pour qu'on eût de la peine à distinguer les objets. Bernard m'amène quelqu'un qui me demande, qui veut absolument me parler. Bernard se retire. Je

vois un grand homme sec qui
me dit :

—Me connaissez-vous, monsieur?

—Non, monsieur.

—Je suis de Mérancy, l'époux
d'une femme que vous avez enlevée
hier; je viens vous demander s'il
vous convient de me la rendre sans
que j'aie recours à l'autorité.

« Il n'a pas fini ces mots, qu'un
homme, que je reconnais pour être
Ferville, s'approche de moi, tire
vivement mon épée de son fourreau, la plonge dans le cœur de l'infortuné Mérancy, sans que, dans
ma surprise, j'aie le temps de l'arrêter, et se sauve enfin, en escala-
dant un petit mur qui donne sur la
campagne.

« Tout cela se fait si promptement,
que je reste glacé d'effroi, inanimé,

4.

pétrifié, sans avoir la force de parler, de faire même un seul geste.
Mérancy, néanmoins, a jeté un cri
si perçant, en expirant du coup sur
la place, que Rodolphe, qui était à
sa fenêtre donnant sur le lieu de la
scène, descend, accourt précipi-
tamment vers moi, et s'écrie : Malheureux Saint-Amand, qu'avez-vous
fait ? Vous avez tué Mérancy ?

— Rodolphe me soupçonne-
rait !.....

— Votre épée qui traverse son
corps ! Vous l'avez tué !...

« Une nuée de gens de justice se
précipite sur nous. A leur tête est
Herbert, qui s'écrie : O crime ! ô
lâcheté ! ils l'ont assassiné.

— Moi seul, leur dit Rodolphe
en s'accusant, seul, je suis l'assassin.
Il insultait mon ami, il le menaçait ;

dans ma rage, j'ai pris cette épée,
et je l'en ai percé.

— Cela peut-il se croire?

— Je vous dis que c'est moi.
Depuis long-temps je voulais punir
ce lache Mérancy qui, autrefois et
par jalousie d'un grade qu'on m'a-
vait donné, a tenté de noircir ma
réputation militaire par les plus
viles calomnies. Je suis seul son assassin, qu'on m'arrête! Je répondrai à tout.

« Herbert répond : Il faut les arrêter tous les deux! Rodolphe ré-
plique : Respectez le neveu du co-
lonel duc de *** ? Vous connaissez
le crédit de son oncle! Tremblez!
D'ailleurs, je vous répète que Saint-
Amand est innocent; il l'est, vous
dis-je, et je vous le prouverai.

« Herbert veut en vain exciter sa

troupe contre moi ; tout le monde
est terrifié au nom de mon oncle,
et le magistrat qui les commande,
ne s'en prend qu'à Rodolphe qui
s'avoue coupable. Je n'osais parler;
j'admirais la générosité de mon ami
qni se dévouait, me croyant criminel, puisque je n'avais pas eu le
temps de lui apprendre la vérité.
Je pouvais bien dire qu'un homme
s'était caché dans mon parc, avait
tué Mérancy, et s'était sauvé ensuite par dessus un mur; je pouvais
également affirmer que c'était Ferville; mais n'aurait-on pas regardé
ce récit comme une fable, dans un
pareil moment?

On nous aurait toujours consti-
tués prisonniers, Rodolphe et moi,
jusqu'à ce que le fait se fût vérifié.
Et comment le vérifier? Il était

certain qu'après un pareil crime,
Ferville avait dû se sauver pour ne
jamais reparaître en France. Ou
bien, s'il y restait, où était la preuve qu'il fût l'assassin ? Il n'avait que
moi pour témoin , moi son accusa-
teur! mon épée était dans le sein de la
victime; on en voyait le fourreau
vide à mon côté; tout était contre
moi, et pour Ferville qu'on n'aurait
jamais cru capable d'immoler celui
qu'il appelait son ami.

« Ces réflexions vinrent en foule
à mon esprit, et je laissai aller le
cours de la justice, dans l'espoir
d'employer dès le lendemain le
crédit du duc, mon oncle, pour
faire éclater l'innocence de Rodolphe. On le conduisit en prison,
ce qui me navra de douleur, et l'on
fit en même temps des perquisitions

dans tout le château pour voir si
l'on n'y trouverait pas Edeline :
Edeline, m'écriai-je! elle n'est
point ici; seul, je connais son asile;
mais je ne le dirai qu'aux magistrats
que je vais charger de défendre
ses droits contre une tante cupide
et coupable d'avoir simulé un
mariage. Vous m'entendez, Herbert?

« Herbert ne répliqua point; il
sortit avec son monde, et moi, dès
la pointe du jour, je courus consoler Rodolphe, et lui apprendre la
vérité sur la mort de Mérancy. Il
me crut facilement et ajouta : Je
n'en ai point imposé, hier; ce Mérancy, que je connaissais mieux vous,
voulut, par ses calomnies, me dés-
honorer à l'armée; je ne vous en ai
jamais parlé, mon ami; mais sa fa-

mille le sait bien, et elle a dû croire
facilement à un acte de vengeance
de ma part, dont, à coup sûr,
j'étais incapable. J'ai cru vous sauver
par là, mon cher Saint-Amand;
mais j'y ai toujours gagné qu'on
vous ait laissé une liberté qui est
bien utile à la belle Edeline dont
vous êtes le protecteur. Que serait-
elle devenue, si l'on vous eût mis à
ma place dans cette prison!

— Tu n'y seras point long-temps,
mon cher Rodolphe! Je cours chez
mon oncle, et bientôt tu auras de
mes nouvelles.

« Le duc était à Versailles, près
de moi. Je volai chez lui; je lui
fis part de mon aventure, du trait
de générosité de mon ami. Mon
oncle nous estimait tous les deux;
il savait que j'étais incapable d'en

imposer. Il écrivit donc au juge
que son neveu et son ami Rodolphe
étaient innocens du meurtre de
Mérancy; qu'il connaissait le véritable coupable, et le mettrait,
quand il en serait temps., sous la
main de la justice; qu'en attendant,
enfin, on rendît la liberté et l'honneur au capitaine Jean-Rodolphe
Monjoly.

« Au moyen de cette lettre, mon
ami fut bientôt en liberté et dans
mes bras. Je sentis tout de suite
hier, me dit-il, que je devais d'a-
bord me charger du crime. — En
me croyant coupable; quelle générosité! — Certainement je vous en
croyais coupable, et c'était une raison de plus. Je pensais bien que le
crédit du duc vous tirerait de cette
affaire; mais vous connaissez la ri-

gueur de votre oncle sur, le point
d'honneur? Dans mon hypothèse,
en vous sauvant d'une peine infa-
mante, il ne s'en fût pas moins cru
déshonoré et vous aussi. Pour des
gens qui ont son âme et la vôtre,
le supplice ne fait pas seulement la
honte, c'est le crime, et, dans un
cœur bien né, la honte du crime ne
s'efface jamais. Moi qui vous croyais
l'assassin, c'est ainsi que j'ai dû rai-
sonner, et je ne me répens pas d'a-
voir agi en conséquence.

« Nous nous embrassâmes, et
nous revînmes ensemble à Saint-
Amand.

« Vous voyez, mes enfans, que
me voilà déjà justifié de deux crimes que m'imputait la mère Saint-
Ambroise, trompée par sa méchante
tante Herbert, l'enlèvement d'une

femme, et l'assassinat de son prétendu époux. Sans doute les appa-
rences ont toujours été contre moi ;
mais en même temps ma conscience
m'a toujours rassuré. Vous verrez
que je me justifierai avec la même
facilité d'un autre crime , plus
odieux encore, et dont peut-être
on vous a aussi parlé : Conti-
nuons.

« Le traître Ferville, ainsi que
je l'ai appris par la suite, avait suivi
Herbert, Mérancy, et leur troupe ;
mais, comme il était convenu que
Mérancy entrerait d'abord seul
chez moi, Ferville s'étant écarté de
son monde sous le lâche prétexte
d'écouter aux portes, avait franchi
un petit mur, commis le crime et
repassé le mur à la hâte. Soudain,
il avait couru vers Herbert en lui

criant : On s'assasine là - dedans !
j'entends des cris affreux ! courez
au secours de Mérançy !

« Après ces mots, qui avaient décidé Herbert et son monde à frapper à coups redoublés, à se porter
sur le lieu du meurtre, Ferville,
loin de vouloir les seconder, était
monté à cheval et avait disparu.
Vous me demanderez quel but il
avait en assassinant Mérancy ? Je
vous répondrai qu'il croyait Mérancy légalement marié avec Edeline. En tuant son mari, elle rede-
venait libre de sa main. En me faisant supposer l'auteur du meurtre,
Ferville m'exposait à être puni par
les lois , haï au moins, détesté de la
famille Herbert et d'Edeline elle-
même, qui ne pouvait plus, selon
lui, aimer, ni épouser un lâche
meurtrier.

Ainsi, dans son petit raisonne-
ment, il se défaisait des deux seuls
rivaux qu'il eût à craindre, et ne
voyait plus d'obstacle à ses vœux;
mais il était écrit qu'en travail-
lant sans cesse contre moi, il agi-
rait toujours pour moi.

« Madame Herbert de son côté,
me voyant protégé par un oncle
puissant, qui m'avait accordé la
liberté de mon ami, eut peur de
moi. Elle m'écrivit que, si je lui
ramenais Edeline, elle ferait tout
pour rendre heureuse cette nièce
chérie. Je ne lui répondis point
par écrit, ce qui est toujours im-
prudent avec des méchans de cette
espèce ; mais je fus la voir à Paris :
je lui objectai qu'Edeline était dé-
cemment chez moi, puisqu'elle y
était sous la protection d'une tante

respectable, et que si elle , madame
Herbert, faisait la moindre démarche pour me ravir l'objet de ma
tendresse, je lui ferais restituer
toutes les sommes énormes qu'elle
avait dissipées, depuis long-temps,
dans la succession d'Edeline. Madame Herbert, après avoir joué le
sentiment, en vint aux menaces; et
m'effraya à mon tour, en me répé-
tant ses expressions familières, que
le fer, le poison, rien ne lui coûte-
rait désormais pour se défaire de sa
nièce et de moi.

« Je regardai ces menaces comme
le transport d'une femme furieuse;
mais je n'en jugeai pas moins qu'il
fallait s'en défier; car il était inuti-
le d'exposer cette femme violente
à commettre des crimes qui, en
nous perdant, eussent déshonoré
sa famille et celle d'Edeline.

D'abord un mariage secret, fait sous les auspices de mademoiselle de Germance, m'unit à la belle Edeline, et, en quatre années de temps, elle me donna secrètement un fils et une fille que nous fîmes élever au loin, sous des noms supposés, afin que madame Herbert ne connût pas leur naissance, qui devait la priver par la suite des grands biens de sa nièce. Ces biens, dont je n'avais pas besoin, nous les lui laissions pour adoucir sa haine implacable; car, ne possédant rien par elle-même, si, en nous rendant compte, elle fût retombée dans la misère, elle eût été, comme elle en convenait elle-même, capable de tout. Vous allez en avoir une cruelle preuve!

« Un jour!... c'était le trois octo-

bre, veille de St.-François, ô époque affreuse, je ne t'oublierai
jamais !... ma femme avait préparé,
pour ma fête, quelques divertisse-
mens. Un jeune médecin, de mes
amis et mon voisin, avait composé
une petite pièce, dans laquelle il
devait y avoir plusieurs personna-
ges masqués. Une illumination dans
le parterre de St.-Amand devait
terminer la soirée. Elle commençait
sous les plus heureux auspices. On
m'avait placé dans un fauteuil près
du canal, avec ordre de n'en point
sortir, sans doute pour me ménager quelque autre surprise... ô grand
Dieu ! celle-là fut forte ! il y avait
beaucoup de monde autour de moi.
Ma femme fut accostée par quelqu'un qu'elle ne connaissait pas,
et qui la pria d'aller au fond du

taillis voisin de la grande route,
ou deux des masques, qui allaient
jouer dans la comédie, l'attendaient
pour lui communiquer une idée
agréable et capable d'embellir la
fête. Edeline, bonne et confiante,
suit l'homme qui lui fait cette prière;
mais toujours guidée par la décence,
elle se fait accompagner par sa
tante de Germance.

« Le donneur d'avis les mène
loin, très loin, dans un taillis des
plus obscurs. Edeline commençait
à éprouver quelque terreur, lorsqu'elle aperçut en effet deux autres
hommes masqués, et une femme
qui, la saisissant par le bras, se fit
reconnaître, par sa voix, pour être
sa tante madame Herbert. Vous
êtes deux, Edeline, lui dit cette
dernière?

— Madame, quoi, c'est vous?

— Pourquoi cette folle vous a-t-elle accompagnée ?

« Mademoiselle de Germance fait un mouvement pour se sauver. L'un des deux hommes masqués lui met un pistolet sur la gorge. L'autre homme en fait autant sur le sein d'Edeline, et madame Herbert leur dit : Si l'une de vous jette un cri, elle est morte !... Edeline! j'ai cru jusqu'à présent que vous ne faisiez que vivre dans le libertinage avec l'homme qui vous a enlevée à vos parens ; je vous méprisais seulement, et je vous aurais laissée toujours dans ce vil état qui ne pouvait nuire aux désirs que j'avais de m'approprier votre fortune ; mais j'ai appris, hier, que vous êtes mariée !

— Quel crime, madame, répond Edeline?

— On ne m'a point dit que vous ayiez des enfans; en avez-vous?

« Edeline a la présence d'esprit de répondre non; puis elle ajoute : mais encore une fois, quel crime?..

— Vous marier sans mon consentement! oui c'est un crime, et il est si grand qu'en voici la punition!

« Cette furie, sortie des enfers, lui plonge à plusieurs reprises un poignard dans le sein..... Mademoiselle de Germance a la force de se jeter sur cette femme barbare, et, en voulant en vain lui enlever l'arme meurtrière, elle lui arrache une manche toute entière de sa robe de mousseline qui se trouve ainsi ensanglantée. La féroce Her-

bert veut poignarder aussi mademoiselle de Germance; mais elle
entend quelqu'un accourir au loin,
et elle disparaît avec ses complices
par une petite porte dont elle est
voisine, et dont apparemment ces
scélérats se sont procuré la clé.

« C'était moi, moi que l'inquié-
tude tourmentait, qui accourais
vers ma malheureuse femme. On
m'avait dit qu'on l'avait vue s'ache-
miner vers le taillis de l'hermi-
tage, et, toujours frappé des dan-
gers qu'elle pouvait courir, d'après
les menaces de madame Herbert,
j'allais à sa recherche avec mon
ami Rodolphe. Jugez de mon effroi
quand j'entends les cris perçans que
poussemademoiselle de Germance,
débarrassée des brigands qui la
maintenaient. J'arrive et je trouve

mon Edeline baignée dans son sang;
sa bonne tante est à ses côtés qui
me montre une manche de robe,
et me dit : C'est elle ; c'est elle, l'infâme Herbert !

— Herbert ! elle aurait assassiné
sa nièce ! — Oui, oui, courez, ar-
rêtez-là ? — Par où ? — Par-là ( *en*
*me montrant la petite porte* ).

« Vous savez, mes enfans, que
mon parc a cent arpens ; cette porte
est très éloignée du château ; je n'en
avais pas la clef ; avant de l'aller
chercher, de revenir à la porte, ou
de faire, jusqu'à elle, le tour des
murs en dehors du côté de la campagne, nos assassins auraient eu tout
le temps de se sauver.

Edeline n'était pas encore morte ;
elle nous supplia d'épargner la coupable, de ne point la poursuivre,

ni de la faire périr par une mort déshonorante pour elle et sa famille, à moins que sa conduite ne nous y forçât. Elle en exigea le serment ; je ne pus me résoudre à le prononcer. Feignant cependant que des hommes inconnus et masqués avaient seuls assassiné mon Edeline, je fis courir dans les champs, partout ; on ne vit rien, on ne rencontra rien ; ils eurent le bonheur, indigne de pareils scélérats, de nous échapper.

« Mais quelle horrible fin d'une fête du cœur ! vous étonnez-vous, maintenant, mes enfans, de la maladie dans laquelle me plonge ce seul souvenir, tous les ans, à l'époque douloureuse où fut commis ce meurtre qui fait frémir la nature !... Edeline, ramenée au châ-

teau, eut le temps d'écrire de son
sang ce billet qu'elle ne confia qu'à
moi seul.

« Avant de paraître devant Dieu,
« je jure, sur son saint nom, que
« madame Herbert, ma tante, est
« mon assassin ; que, m'attirant
« dans un guet apens, cette cou-
« pable femme m'a frappée de plu-
« sieurs coups de poignard. Puisse
« le ciel lui pardonner ma mort
« comme je la lui pardonne !

« Edeline de Germance. »

« Elle expira, malgré nos soins
et ceux du jeune médecin, mon
ami.

« Je tombai soudain dans un dé-
lire affreux, et ma maladie dura six
mois. Je sentis la faute que j'avais
commise en me laissant dominer

par la fatale passion de l'amour :
cette faute avait été la cause de tant
de crimes!... Ce fut Rodolphe qui
prit soin de faire inhumer mon
Edeline, dont il déclara le mariage
avec moi. Elle fut embaumée et
déposée dans un superbe cercueil,
à l'entrée d'une chapelle de l'église
du village ; mais, quand la santé
me revint, je gagnai, à force d'argent, le sacristain de cette petite
église ; on ouvrit, pendant la nuit,
le cercueil d'Edeline ; on l'enleva,
on referma le cercueil qui resta à sa
place, et l'on transporta, chez moi,
ses restes précieux qui furent voilés
à tous les regards dans une chapelle
souterraine que je fis construire au
fond du fatal taillis, dans l'endroit
même où cette infortunée avait
perdu la vie. Cet enlèvement noc-

T. 5.

turne d'un corps, dans un lieu saint, n'était pas permis. Aussi je fis promettre le secret à tous ceux qui le savaient, à Damisse lui-même, qui dut le connaître par la suite. On m'eût fait un crime de cette profanation.

« Vous ignorez sans doute, mes enfans, que, tous les ans, la nuit du 3 au 4 octobre, je fais transporter religieusement ce corps dans la chapelle du château, où un prêtre, à une heure précise du matin, célèbre en ma présence, une messe basse pour le repos de son âme !...»

Jean et Jeannette avaient été, comme on l'a vu, témoins de cette cérémonie funèbre ; mais ils se gardèrent bien de l'avouer au chevalier, pour ne pas faire gronder Damisse, dont le peu de mémoire était

la cause de cette innocente indiscrétion. Le chevalier continua.

« Quant à l'atroce Herbert, loin
de meisavoir gré de ne l'avoir ni
accusée, ni même nommée dans
cette tragique aventure, elle eut la
scélératesse de répandre, tout bas
il est vrai, que j'étais encore l'auteur de ce meurtre épouvantable.
Je n'y avais nul intérêt; elle, elle
en avait un grand. Croyant que sa
nièce était mariée, mais sans enfans,
elle s'en défaisait, pour devenir à la
fin, elle et ses enfans, les seuls hé-
ritiers des biens de la famille de
Germance. J'aurais pu lui redemander sur-le-champ cette fortune,
puisque j'étais époux et père; mais
je craignais que sa fureur ne s'exer-
çât de nouveau sur mon fils, sur ma
fille, que j'élevais au loin, sous les

noms de Julien et Julienne, comme les enfans d'un ami qui me les avait recommandés en mourant.

Sans doute, en perdant l'assassin de ma femme, je n'aurais plus eu ce sujet de crainte ; mais, en outre de cela, mon oncle, à qui j'avais tout confié, me liait les bras ; il craignait, pour l'honneur des grands de sa classe, le scandale d'un procès criminel. Il me représentait que mon acte de mariage était illégal, puisqu'il s'était fait secrètement, sans la permission d'une tutrice, qui seule avait le droit de marier sa nièce, encore mineure alors. J'abandonnai donc madame Herbert, qui, possédant tout, crut, pendant long-temps, qu'elle jouirait impunément de son crime.

« Pour lui en donner la sécurité,

et afin de pouvoir la démasquer par la suite, je fis courir le bruit de la mort de mademoiselle de Germance, qui était le seul témoin qu'elle pût redouter. Il est vrai que cette bonne tante d'Edeline, ayant déjà la tête faible, et frappée d'horreur du tableau de sa mort, renonça presqu'à la lumière du jour. Depuis cet affreux moment, elle est restée enfermée dans son appartement, au château, sans en sortir, et livrée aux soins d'une fidèle servante; car Maria n'est plus. Ainsi, en faisant reparaître mademoiselle de Germance, je puis, quand je le voudrai, confondre la méchante Herbert, lui montrer la manche ensanglantée de sa robe, et cette robe elle-même que j'ai su me procurer de sa femme-de-chambre, à qui elle or-

donna de la brûler. J'ai en outre le dernier écrit d'Edeline ; j'ai mille preuves contre la coupable !

« Mon oncle des îles étant mort, j'allai, accompagné de Rodolphe, recueillir sa riche succession ; et, quant à cet Irlandais que vous avez vu, dans les tablettes de mon ami, venir me visiter à Saint-Domingue, jugez de ma surprise lorsque je reconnus Ferville lui-même, qui avait pris le nom de Pierzen ! Il paraît qu'il était poursuivi par une mauvaise affaire, car il partit sans me laisser le temps de lui demander raison de l'indigne conduite qu'il avait tenue envers moi.

« J'ai perdu de vue ce misérable depuis ce temps-là. J'ai su que, toujours lié avec les Herbert, il leur avait écrit cent impostures sur

mon compte ; mais une circonstance
vient de les effrayer tous.

« Herbert, qui vit très-mal avec
se femme, attendu qu'il se livre à
la débauche, au jeu, avec des
mauvais sujets, un certain Déprévil
entre autres, que je vous ai entendu nommer, mes enfans, en me
racontant vos aventures, et qui est
même venu vous voir une fois ici;
Herbert, dis-je, a voulu soustraire
à sa femme une cassette qu'il pré-
sumait être pleine de bijoux. Cette
cassette était à la campagne. Il y
court pendant que sa femme est à
Paris. Il emporte la cassette ; mais,
en route, il est attaqué, dépouillé
par des voleurs; il ne sauve sa vie
qu'en se cachant dans des taillis.
Les voleurs sont poursuivis par la
maréchaussée ; ils jettent la cassette.

dans un fossé qui borde mon château. Pendant qu'on les poursuit toujours, Damisse va ramasser la cassette, me l'apporte ; j'y trouve des papiers précieux que je veux garder. Herbert a vu un nègre s'emparer de son coffre ; il vient secrètement le demander ; il lui offre dix loûis s'il veut lui rendre. Damisse le lui promet, reveint, me fait part, en riant, de l'offre qu'on lui fait. C'est le coffre qu'il veut, répondis-je, en riant aussi, tu peux le lui donner. Damisse l'emplit de vieux chiffons, de pierres, le referme exactement tel qu'il était, court à la grille où l'autre l'attend, en reçoit les dix louis, lui rend sa cassette, et Herbert s'en retourne bien content. Vous donner, mes enfans, d'autres détails de ce tour d'adresse , qui a réussi , serait perdre du temps ; qu'il vous suffise de savoir que j'ai les papiers, et qu'Herbert , à son retour à Paris , est resté bien surpris de ne plus rien trouver dans son coffret.

· « Cette perte, qu'il a été obligé d'apprendre à sa femme , les a tous terrifiés ; car il y a dans ces papiers là mille choses qui peuvent les perdre.

« A présent, mes enfans , quelle va être votre surprise , en apprenant que j'y ai trouvé aussi plusieurs lettres signées Ferville , et qui sont de la main de votre père ! »

Jean s'écrie : De notre père ?

—Oui, répond le chevalier , de Monjoly , votre père.

—Est-il possible !

— Vous savez que je lui avais

5

déjà prouvé qu'il savait écrire. Il
le niait, et pour de bonnes raisons,
vous vous le rappelez? Il voulut
même déchirer devant nous, avec
l'acte qu'il avait souscrit à son frère,
trois lettres écrites autrefois par lui
à ce même Rodolphe, mon ami.
En rapprochant l'écriture de ces lettres, de cet acte, avec celle des papiers de la cassette d'Herbert, j'ai
vu que c'était la même. Mon avocat l'a jugé comme moi, et des ex-
perts écrivains, que j'ai fait appeler,
m'en ont donné la certitude, en
dressant un procès-verbal de cette
ressemblance. Votre père a rougi,
ce matin, quand, le prenant éloi-
gné de vous dans un autre appartement, je lui ai montré ces diver-
ses pièces. Il n'a jamais voulu me
dire comment il se faisait qu'il eût

pu écrire des lettres signées Ferville ; mais il a consenti soudain à
me rendre ses enfans, à condition
que je ne pousserais pas cette affaire plus loin. »

Jean interrompt : O mon Dieu ;
monsieur le chevalier, que disent
donc ces lettres-là ? est-ce qu'elles
compromettraient mon père ?

— Certainement, mon cher Jean.
Vous les connaîtrez plus tard, et
vous en frémirez. Je n'ai plus que
deux mots à vous dire pour terminer mon histoire.

« Mon oncle m'ayant toujours
empêché de me venger des Herbert, je m'étais promis de ne les
poursuivre qu'après sa mort. Le
duc est très âgé, goutteux, valétu-
dinaire : je puis, au premier, moment, avoir le malheur de le per-

dre, me disais-je ; j'attendrai ce
moment douloureux pour moi,
mais bien plus fatal aux coupables.
Telle est cette *certaine époque* dont
je vous parlais, et qui m'empêchait
d'agir... Elle est encore impérieuse
pour moi ; mais j'aurais passé par-
dessus toutes ces considérations, si
l'on se fût obstiné à me priver de
vous, mes enfans. J'avais déjà con-
sulté ; mon acte d'accusation était
dressé ; j'allais faire arrêter l'indigne madame Herbert ; je l'aurais
accablée des preuves de son crime ;
elle était perdue, malgré ma pro-
messe faite au duc, et mon oncle
eût-il dû m'en déshériter !...

« On vous a rendus à ma tendresse ! j'attendrai encore ; je ne
donnerai point à mon oncle le chagrin de voir son nom, ses cheveux

blancs ternis par l'effet d'une cause célèbre, qui, comme il le dit, *quand les grands y sont impliqués, est tou-jours un sujet de scandale pour les petits...* Mais, dès que mon oncle aura fini d'exister, je ferai tomber sur la tête des coupables la foudre dont j'amasse depuis si long-temps tous les éclats! que les Herbert tremblent !

« Vous avez vu, mes enfans, dans le cours de mon récit, quels signa-lés services m'a rendus votre oncle Rodolphe! Il fut mon confident, mon consolateur, mon soutien dans le malheur, mon meilleur ami en un mot ! Je savais combien il vous aimait, quels projets il faisait pour votre bonheur! Lui n'étant plus j'ai dû les réaliser, ces projets d'un véritable et tendre père.

Mon intention n'était d'abord que de vous traiter comme il vous aurait traités lui-même; mais quand j'ai pu vous connaître vous apprécier, j'ai retrouvé, dans Jean, tout l'esprit, toute la franchise, toute la fermeté de son oncle ; dans Jeannette, toute sa bonté! Vous m'êtes devenus chers comme mes propres enfans; j'ai senti que vous étiez, avec eux, inséparables dans mon cœur; et, en effet, je... je formai le... le projet de ne jamais vous séparer!.... Par la suite, vous comprendrez mieux ces paroles... Mais j'avais besoin de vous revoir ici, de vous arracher à la misère, à l'opprobre, dans lesquels voulait vous replonger un père (est-ce un père! qui a, d'ailleurs, à se reprocher au moins une grande indélicatesse...

J'adoucis ses torts, pour ne pas blesser les oreilles pures de ses enfans!.... Jean! Jeannette! vous verrez demain Julien et Julienne; ils seront ici; je leur apprendrai leur naissance.... Puissiez-vous, enfans tous les quatre, vous aimer autant que je le désire! »

## CHAPITPE V.

*Apparition d'un nouveau personnage qui termine tout.*

Ce fut ainsi que le chevalier de Saint-Amand termina son long récit, qui avait beaucoup intéressé nos enfans. Ils ne s'étonnèrent plus qu'on leur eût donné, sur leur protecteur, de si odieuses impressions. La mère Saint-Ambroise, femme respectable sans doute, était la sœur d'Edeline; elle avait cru à tous les faux rapports de sa méchante tante

Herbert, et cette bonne mère Saint-Ambroise avait sans doute touché quelques mots de ces étonnantes aventures à madame Richard, avec laquelle elle était liée, en lui peignant le chevalier, Rodolphe, et même le fidèle Bernard, sous les traits les plus odieux. Quant au jeune Déprévil, il était l'ami de débauches et de jeu du vil Herbert, c'était tout dire.

Voilà notre homme à double réputation aux yeux de nos enfans, ce bon Saint-Amand, qui n'en a plus qu'une, et elle est bien estimable! Sans son respect pour un oncle, un grand seigneur qui ne pouvait pas souffrir l'éclat des procès, même des plus justes, on pourrait peut-être accuser le chevalier d'un peu de pusillanimité, de trop de ménagemens pour des scélérats. Ceux-ci l'étaient tant cependant, que le chevalier avait raison de craindre pour ses jours, pour ceux de ses enfans. La criminelle Herbert aurait commis de nouveaux crimes pour garder une succession. Le chevalier n'en avait pas besoin pour le moment : il la lui laissait ; mais, à la mort de son oncle, il se proposait, comme on l'a vu, de faire punir les assasins d'Edeline, et de faire triompher, aux yeux de tous, son innocence.

Le lendemain, Damisse revint de la campagne, amenant Julien et Julienne accompagnés de leur gouvernante. C'était deux enfans charmans, à peu près de l'âge de Jean et de Jeannette. Le chevalier leur dit : Enfans, embrassez les deux amis que je vous donne, et que j'aime comme s'ils étaient votre frère et votre sœur.

Les quatre enfans s'embrassent avec effusion.

Le chevalier ajoute en parlant aux siens: A présent, Julien et Julienne, venez dans mes bras et embrassez votre père? — Monsieur, s'écrie Julien, que dites-vous! Vous seriez notre père?

« — Oui, je le suis. Si je vous ai fait élever comme les enfans d'un major de Rosel, mort en effet à l'armée, dans mes bras, j'ai eu mes raisons pour cela. Elles subsistent encore sans doute; mais j'ai trop, jusqu'à ce jour, comprimé l'élan de la nature. Je n'y puis plus résister; il faut que je jouisse, pour la

première fois; du bonheur d'être
père!...

« Vois-tu , Jean , comme Julienne
me ressemble? Julien est tout le
portrait de sa mère ; j'ai toujours
tremblé que ces ressemblances par-
faites ne frappassent les regards
scrutateurs de mes ennemis , ne
leur donnassent des soupçons de la
vérité. C'est ce qui m'a fait éloigner
ces enfans , ou , lorsque je les avais
près de moi , je défendais qu'ils ap-
prochassent de qui qui que ce fût.
Je les ai même cachés aux regards
de vous , Jean , et de votre sœur,
tant je craignais que la ressemblance
de Julienne avec moi ne vous fît
commettre quelque indiscrétion.
J'étais comme l'avare qui cache son
trésor : même à ses meilleurs amis.
Je montre le mien aujourd'hui , at-

tendu que mon oncle est malheu-
sement très-mal, ce matin ; on
craint qu'il ne passe pas la journée.
Pour le peu de temps que j'ai à me
taire encore sur le compte des Herbert, qui d'ailleurs ignorent toujours que je sois père, je ne vois aucun sujet de craindre pour mes enfans.

Jean eut bien vite fait connaissance avec l'aimable Julienne, et
Jeannette trouva, de son côté, le
naïf Julien fort aimable.

Deux jours après, M. Briot vint
randre visite à ses trois anciens
élèves, nous disons trois; car M. de
Saint-Amand en était un aussi. M.
Briot avait bien du chagrin. Il venait de perdre son fils aîné, Adrien,
des suites de la petite vérole, et il
pria M. de Saint-Amand de lui don-

ner l'hospitalité pendant huit jours, afin qu'il ne succombât pas à la force de ses justes regrets.

Jeannette répandit bien des larmes sur la mort de son *amant*, ains qu'elle avait toujours nommé le jeune Adrien.... Mais, comme ce n'était qu'une tendre amitié qu'elle ressentait pour lui, *le fort aimable* Julien parvint à la consoler.

Cependant le Duc de *** venait de mourir; le chevalier de Saint-Amand, son seul héritier, allait prendre son titre, son rang et sa fortune; mais, avant de s'honorer du titre de duc, il résolut de purger le sien de toutes les calomnies que, sourdement, depuis seize ans, on avait répandues sur son compte. Il se prépara, par conséquent, à atta quer les Herbert et leurs complices.

Mademoiselle de Germance était revenue à Paris, chez lui; le Chevalier avait rassemblé toutes ses preuves; les coupables allaient être livrés à la rigueur de la justice!..... Une circonstance inattendue vint déranger tous ses plans.

Un jour que M. de Saint-Amand, M. Briot, mademoiselle de Germance, Bernard et les quatre enfans étaient réunis dans le salon, Damisse entra, et annonça M. le marquis de la Roche.

Le chevalier de Saint-Amand, très-étonné, se retourne vers Jean et Jannette, en leur disant : Le marquis de la Roche ! N'est-ce pas le maître de votre père ? Que me veut cet étranger ?

Le marquis paraît..... Soudain, le chevalier s'écrie : Ciel ! c'est

Ferville et Pierzen en même temps!

Le chevalier saisit son épée, la tire en ajoutant : Traître, défend ta vie!

Le marquis tire la sienne aussi.

Les quatre enfans et la tante de Germancé s'écrient à leur tour : Grand Dieu! Qu'allez-vous faire?

Bernard saute sur l'épée du marquis, veut la lui arracher; mais le marquis, repoussant rudement ce vieillard, s'approche du chevalier... Au grand étonnement de tout le monde, ce fougueux Ferville met un genou en terre, dépose son épée aux pieds de M. de Saint-Amand, et lui dit : C'est ainsi qu'un coupable doit s'abaisser devant l'homme dont il a causé le malheur! Vengez-vous maintenant, chevalier? arrachez-moi une existence

qui vous fut si funeste ; vous en
avez le droit ; je mérite la mort,
et je l'attends à vos pieds.

— La mort, perfide, lui répond
le chevalier ! Tu sais bien que, dif-
férent de toi, je n'ai jamais immolé
un ennemi désarmé !

— Cet ennemi implore de votre
main une juste punition. C'est maintenant le seul dont vous ayez à vous
défaire.

— Le seul, que dites-vous ?

— Madame Herbert n'est plus.

— Elle n'est plus !

— Son indigne mari s'est brûlé la
cervelle.

— Lui !

— J'aurais suivi son exemple, si
je n'avais désiré expier mes fautes
en mourant de la main d'un homme que j'ai tant offensé.

Relevez-vous, Marquis ; je ne suis pas insensible au repentir. Reprenez votre épée, et veuillez me raconter les détails de ces justes trépas ?

Le marquis de la Roche se lève en répliquant : Eh quoi ! Chevalier, vous me laissez vivre : c'est la plus grande vengeance que vous puissiez exercer sur moi ; la vie m'est trop insupportable.

— Calmez-vous, Ferville, ou la Roche ; car je ne sais quel nom vous donner.

— Mon véritable nom est la Roche. Je ne pris tour à tour les deux autres que pour mieux cacher mes égaremens.....Mais sans doute Jean et Jeannette ?...

— Ceux-ci, pas ceux-là, qui sont

6.

mes enfans, ceux de la malheureuse
Edeline !

— Quel souvenir me rappelez-
vous ! Ah ! comme nous l'aimions
tous deux !

— Avec une bien grande diffé-
rence , monsieur !

— Il est vrai, j'en rougis à vos
yeux. Le récit, que je vais vous
faire , vous prouvera la violence des
passions avec lesquelles je suis né ,
et le douloureux repentir que j'en
éprouve , qui ne finira qu'avec ma
vie !..... Jean et Jeannette, venez
m'embrasser..... Vous hésitez.... Le
signe que vous fait votre protecteur
prouve qu'il le permet..... Que ces
baisers de l'innocence sont doux
pour un coupable qui ne mérite
que le mépris de toute la nature !...
Chevalier, vous en voulez à leur

père?_ Moi seul j'ai abusé de son
ignorance ; cet honnête homme ne
sentait pas la conséquence des choses
que je lui ordonnais de faire. J'espère qu'après m'avoir entendu,
vous daignerez pardonner au pauvre
Monjoly.

Le Chevalier répond : Nous verrons; je vous écoute; parlez monsieur?

Le marquis de la Roche prend
la parole en ces termes :

« J'ai déjà eu l'honneur de vous
dire que mon véritable nom est celui de la Roche. Mes passions sont
héréditaires; car le marquis de la
Roche, mon père, étant devenu
éperduement amoureux d'une jeune
personne, fille d'un pauvre militaire, l'enleva, la séduisit, et la
renvoya ensuite pleurer à jamais la

faute qu'elle avait commise en l'é-
coutant. Cette infortunée, désho-
norée par un fruit du crime de mon
père, qui mourut en naissant, ne
put survivre à sa honte; sa mort
plongea dans la douleur toute sa
famille, qui jura une haine éter-
nelle à celle des la Roche; c'est
cette circonstance qui m'a fait changer mon nom en celui de Ferville;
car le père de la malheureuse victime du mien avait encore deux
filles; l'une est madame Herbert;
l'autre épousa le riche financier de
Germance, et mourut avant lui,
comme vous le savez.

« J'appris qu'en mourant à son
tour, M. de Germance avait laissé
une fille unique qui était sous la
tutelle de madame Herbert. Il n'é-
tait bruit partout que de la beauté

ravissante et des grâces d'Edeline.
Je formai le désir de la voir. Funeste
projet ! Mon père avait causé la
mort de la tante, et j'étais à faire le
tourment de la nièce ; ô barbare famille que la mienne !...

« Sachant qu'on donnait des bals,
des fêtes dans la maison Herbert,
je m'y fis introduire sous le nom
supposé de Ferville ; car le mien
aurait réveillé la haine que lui
vouait madame Herbert, comme
tous ses parens. Vous vous rappelez, chevalier, le succès de nos pre-
mières démarches chez cette femme altière ; le pacte que nous fîmes
ensemble, et la préférence marquée
qu'Edeline vous donna sur moi.
Nous fûmes évincés tous les deux.
Je fus, ainsi que tout le monde, la
dupe du prétendu mariage d'Ede-

line; vous, plus sage que moi, vous prîtes votre parti; mais la jalousie égarant tout à fait ma raison, je crus que le meilleur moyen de plaire à Edeline était de lui parler souvent de son amant.

« Extravagant, insensé, ne sachant ce que je faisais, je l'enlevai sous votre nom; mais vous profitâtes du rapt, et dès lors je vous jurai la haine la plus mortelle... vous savez quels en furent les effets, ma fureur injustement exercée sur le malheureux Mérancy, que je croyais l'époux d'Edeline, et dont je voulais me défaire, espérant rester le seul aspirant convenable à la main de sa belle veuve. Je passe sur tous ces événemens pour arriver à ceux que vous ignorez.

« Après la mort d'Edeline, que

je vous imputai, chevalier, car madame Herbert m'avait persuadé que vous vous étiez rendu coupable de ce crime, dans un moment d'une injuste jalousie; après que j'eus perdu cette chère Edeline que j'avais tant adorée, je ne fis que végéter. Je voyageai long-temps; je revins à Paris; je retournai chez ma mère à Vernouillet; je me rendis de nouveau à Paris, où, par l'ordre de ma mère, j'allai voir ma sœur de lait, la bonne Perrette Pétronille Desvignes, femme de Pierre Monjoly, le père de ces enfans. Je leur proposai la place de jardiniers au château de la Roche, sous la condition, exigée par ma mère, qu'ils y viendraient seuls; ils confièrent leurs enfans à leur frère Rodolphe et nous partîmes. Ce fut là, pen-

dant la première année d'une vie
champêtre et trop tranquille pour
moi, que regrettant plus que jamais
la perte d'Edeline, et vous croyant
toujours son meurtrier, j'accumulai
de nouveaux torts envers vous.

Avant la mort de M. de Germance, m'étant trouvé en relation d'affaires avec lui, je lui avais écrit beaucoup de lettres ; craignant que ces lettres n'aient été trouvées dans ses papiers et que madame Herbert ne reconnût mon écriture, si je lui écrivais directement, j'engageai Monjoly, qui m'était dévoué, à prendre la plume à ma place. Je lui avais raconté mes aventures ; il vous croyait, comme moi, coupable du meurtre d'Edeline, et, comme moi, il vous avait en horreur.... Pardon, chevalier, c'est le moment des aveux !

« Monjoly ne vit aucune difficul-
té à écrire sous ma dictée, et à
signer même mon faux nom de Ferville. Ces lettres, que j'étais censé
écrire moi-même à madame Herbert, on dit que vous les possédez.
Vous savez alors que j'engageai
cette femme vindicative à se venger
de vous, à vous accuser en justice,
à se mettre en règle pour les grands
biens d'Edeline dont elle et ses enfans devaient seuls hériter. Je la
pressais, je l'excitais, il est vrai;
mais elle avait de bonnes raisons
pour ne pas suivre mes avis, ni seconder la soif de vengeance dont
j'étais altéré.

« Il y avait un an que j'habitais
le château de ma mère, lorsqu'elle
mourut. J'y laissai Monjoly, sa
femme, et je vins à Paris pour y

visiter un homme d'affaires, que je voulais charger de vendre ce châ-teau ; c'était mon notaire. Je vis à sa porte une riche voiture à livrée ; je n'en entrai pas moins dans son cabinet, où j'aperçus le duc, votre oncle, avec deux autres cliens du notaire. L'un de ces deux cliens me reconnaît et dit : Eh, c'est mon-sieur Ferville, que j'ai vu si sou-vent chez madame Herbert!

« A ces deux noms de Ferville et d'Herbert, qui rappellent au duc mon crime, que vous lui aviez sans doute confié, il me fait signe de le suivre dans un cabinet voisin. Là, il me dit à voix basse et d'un ton courroucé : Vous rappelez-vous, monsieur, que vous eûtes la scélé-ratesse d'immoler un nommé de Mérancy, sous les yeux de mon

neveu, le chevalier de Saint-Amand,
et dans son propre château, pour
fairé planer sur lui le soupçon de
ce meurtre?

— Monsieur le duc!.....

— Je vous ordonne de quitter la
France sur-le-champ, si vous ne
voulez passer le reste de vos jours
dans un affreux cachot. Je ne dirai
pas à mon neveu que je vous ai vu ;
il me reprocherait avec raison de
ne vous avoir pas livré au glaive des
lois ; mais partez dès ce jour! Des
gens que je vais aposter pour ob-
server vos moindres démarches,
m'apprendront si vous avez suivi
mes ordres,

« Il me tourne le dos. Plein de
honte et de terreur, je descends
dans l'étude ; j'y dresse une procu-
ration pour mon notaire, avec or-

dre de vendre le château de la Roche, et je retourne soudain à Vernouillet. Là, je propose à Monjoly
et à sa femme de rester ou de me
suivre, ils préfèrent me suivre, et
tous trois, nous quittons la France.
Mais, dans la crainte d'être poursuivi par le Duc, dont les menaces
étaient toujours gravées dans ma
mémoire, je changeai encore de
nom, et je me fis nommer le chevalier de Pierzen, me disant un Irlandais qui voyageait pour son ins-
truction. Je vous rencontrai à St.-
Domingue; mais nous n'eûmes le
temps, ni l'un, ni l'autre, de satisfaire notre dessein réciproque
de vengeance. Le vaisseau qui devait me mener à l'île Bourbon,
où j'avais des affaires d'intérêt à
régler, mit trop vite à la voile, et

je voyageai encore plusieurs années.
Débarqué à Rochefort depuis six
mois, j'écrivis à mon notaire à Paris, qui acheta pour moi la maison,
rue du faubourg St.-Denis. Diffé-
rentes affaires me retenant encore
à Rochefort, je pris enfin le parti
d'envoyer d'avance Monjoly dans
ma maison de Paris, pour la pré-
parer à me recevoir.

« Je savais que le Duc, votre
oncle, était pour jamais confiné
dans son fauteuil par la goutte, qui
même menaçait ses jours; il ne me
connaissait que sous le nom de Ferville, et ne pouvait plus voir mes
traits; reprenant mon nom de la
Roche, je pensai que j'étais doré-
navant à l'abri de ses menaces, et
je revins enfin à Paris, il y a deux
jours de cela. Je cours chez mada-

me Herbert. Quel changement,
grand Dieu! je trouve dans sa maison! Plus de domestiques, presque
plus de meubles, et une seule femme
de chambre, qui fond en larmes en
me voyant, m'apprend que sa maî-
tresse est à l'article de la mort.

« On m'introduit cependant auprès d'elle. Je vois cette femme,
autrefois si altière, couchée dans son
lit, pâle, défigurée : elle me tend la
main, et me dit d'une voix faible :
Je suis punie, Ferville! mon indigne mari a tout perdu au jeu; il
s'est arraché la vie, et moi, ruinée,
rongée de remords, j'ai hâté ma fin
par l'effet d'un poison... Il était
temps que vous vinssiez pour entendre l'aveu de mes forfaits, et me
voir mourir!.. Lisez ce papier tracé
de ma main?

« Je lis et je m'écrie : O ciel!
femme coupable! Edeline a péri?..

— Par mes coups. Saint-Amand
est innocent. Je rétablis ici sa réputation que j'ai si affreusement noir-
cie sur ce fait! car Mérancy...

— C'est moi, madame, ô Dieu!
c'est moi qui l'ai immolé.

—Vous! nous sommes donc aussi
coupables l'un que l'autre, et Saint-
Amand fut l'homme le plus innocent,
comme le plus infortuné!... Le re-
mord est enfin entré dans mon
cœur; puisse-t-il pénétrer le vôtre
et le ronger comme il torture le
mien! Allez, Ferville, allez vous
jeter aux genoux de notre victime?
dites-lui que nous avons commis
tous deux des crimes inutiles!.....
car Edeline n'est plus pour vous,
et ces biens... ce lâche Herbert les

a dissipés; je meurs dans l'indi-
gence!.. Vous, qui partageâtes mes
fureurs, prenez soin de mes pauvres
enfans? Charles et Charlotte vont
être sans parens, sans moyens
d'existence.... ô mon Dieu! qui
prendra soin de leur faible jeunesse!

— Moi, madame, moi qui vous
ai tous trompés sous un faux nom,
et qui suis le marquis de la Roche,
dont vous connaissez la fortune.

— Vous, la Roche?

Je réparerai ainsi les torts de
mon père, et ma conduite odieuse
envers votre famille; vos enfans
seront les miens!

« Elle expira, le soir même, après
avoir eu la force d'ajouter encore
quelques mots à l'aveu de ses fautes,
sur ce papier que je vous apporte!
Le voilà, chevalier... Le repentir

ayant touché mon cœur, comme il avait déchiré le sien, j'ai dû venir déposer à vos pieds une épée dont je voulais si injustement vous percer le sein, et vous livrer en même temps votre ennemi, qui n'est plus que le plus humble de vos admirateurs! »

Le marquis de la Roche ayant cessé de parler, on vit entrer le père et la mère 'Monjoly, conduisant par la main les deux enfans de madame Herbert, en grand deuil et fondant en larmes. Charles et Charlotte se jetèrent aux genous de M. de Saint-Amand, auquel le marquis dit, avec l'accent de la plus vive émotion : Les voilà, ces pauvres orphelins; voulez-vous, en vous vengeant de moi, les priver de leur père, car je suis maintenant leur père, et je veux toujours l'être.

Le chevalier de Saint-Amand, ému jusqu'aux larmes, s'écrie : Marquis ! vous m'avez fait bien du mal ! oh, un mal affreux !... mais votre repentir efface tout ! Je vous pardonne, comme je pardonne leur naissance à ces enfans d'une femme que je n'ose qualifier devant eux. S'ils n'ont pas les penchans vicieux de leurs parens....

— Oh non, répond le marquis, ils ont été élevés dans des pensions où je les ai vus souvent. Leur caractère est aussi doux que celui de leur mère.

— Je vous entends. Soyéz leur père, marquis, et ramenez-les moi dans huit jours?... Je veux qu'une réunion solennelle dans huit jours, entendez-vous? soyez ici à deux heures précises.

Jean et Jeannette avaient volé
dans les bras de leurs père et mère.
Monjoly, s'approchant timidement
du chevalier, lui dit : Mon maître
m'a tout appris, et monsieur doit
juger de ma confusion !...

— Vous ne fûtes, Monjoly,
qu'égaré par l'excès d'attachement
que vous aviez pour un homme qui,
lui-même, était dans l'erreur à mon
égard, erreur sans doute bien coupable, mais que j'ai pardonnée;
c'est vous dire que vous êtes com-
pris dans l'amnistie. Je ne vous en
veux que de m'avoir retiré ces enfans pour les traiter d'une manière
indigne de leur éducation !

Pardon, monsieur, répond Monjoly. Mon maître, encore trompé
alors, ne voulait vous avoir aucune
espèce d'obligations; je partageais

avec ses injustes préventions contre vous, ce que je croyais en lui
un excès de délicatesse, et, dans le
doute de l'espèce de protection
qu'il accorderait à mes enfans, je
voulais, dès les premiers jours, les
habituer à une vie dure et labo-
rieuse, à laquelle je les croyais
condamnés, vu mon peu de moyens
pour leur donner un autre état que
le mien.

Chacun, comme Monjoly, donna
des explications sur ce qui avait pu
paraître obscur, douteux, dans les
divers récits qu'on venait de faire,
et il fut convenu qu'à la huitaine,
on se réunirait chez M. de Saint-
Amand, dans une fête qu'on nom-
merait *la fête d'oubli.*

Dans l'attente de ce jour mémo-
rable, M. de Saint-Amand fit, avec

le marqnis de la Roche, des conventions dont nous parlerons plus
bas. Il invita à la fête, d'abord madame Richard, qu'il alla, avec Jean
et Jeannette, voir et désabuser sur
son compte, ensuite M. Sombre-
mann et ses deux enfans, M. de
Surmer et sa fille, qu'il connaissait,
M. de Morinval, le bon frère Clé-
ment, enfin tous les amis de la
maison, et ceux qui avaient été
utiles aux deux petits héros de
cette histoire.

# CHAPITRE VI.

### *Conclusion.*

Au jour fixé, tout le monde se rendit chez M. de Saint-Amand. Un notaire s'y trouva. Le chevalier fit approcher les enfans et leur dit : Mes amis, voici pour nous tous les jours de la réconciliation, et pour vous celui du bonheur. Chacun de vous va prendre une épouse ou un époux, quoique vous ne soyez pas encore en âge d'être mariés ; mais

M. le notaire, que voilà, va vous
fiancer, en attendant que quelques
années de plus vous autorisentà
jouir de tous les droits du mariage.
Je donne Julien à Jeannette, et Julienne à Jean. Voilà mes deux enfans unis aux vôtres; père Monjoly,
êtes-vous content de moi?

Le père et la mère Monjoly ne
peuvent que s'écrier: Oh, monsieur!..

Le chevalier continue: M. le
marquis de la Roche consent à ce
que les deux enfans de feue madame
Herbert épousent ceux que M.
de Sombreman a adoptés; il leur
donne des dots en conséquence de
cette union; ainsi Auguste Sombreman devient le mari de Charlotte,
et Charles reçoit la main de la belle
Isaure. Voilà quatre actes de fian-

cailles auxquels nous apposeron
tous nos signatures. Nos huit petits
intéressés signeront aussi. Cette
journée finie, chacun de nous re-
prendra ses enfans chez soi, et ils
ne se réuniront en couples d'é-
poux qu'à l'époque permise par
l'âge et la nature.

Ces actes étant terminés, on dressa
une table de huit couverts, destinée
au repas des enfans seulement, les
grandes personnes ne devant dîner
qu'après eux. Leurs amis, leurs parens, leurs protecteurs les servirent
debout en circulant autour d'eux,
et une bannière, s'élevant du mi-
lieu du surtout qui décorait leur
table, fit voir à tous les yenx cette
légende:

*Le banquet des huit enfans.*

Au dessert, ces jeunes hôtes, pénétrés de reconnaissance, portèrent les santés suivantes.

### CHARLES.

A l'éternel oubli des injures.

### ISAURE.

Aux bontés de notre excellent père Sombreman.

### JEAN.

A l'enfant abandonné et sauvé par la providence.

### CHARLOTTE.

Au pardon généreux qui ne punit point les enfans des fautes de leurs parens.

### AUUSTE.

A Jean et Jeannette, qui ont vi-

sité les enfans de la pitié, et leur
ont rendu l'affection de leur père
Sombreman.

JULIENNE.

Au respect filial, aux bontés pa-
ternelles; à la reconciliation si franche et si généreuse de ceux qui nous
sont chers.

JULIEN.

Au bonheur conjugal qui nous
attend, et dont nos bienfaiteurs
viennent, avec tant de prudence,
de fonder les bases.

JEANNETTE.

Au respect, à l'amour, à la reconnaissance que nous leur devons,
dont nous leur donnerons à jamais
des preuves.

*Les huit enfans à la fois.*

Vivent nos pères, nos tendres pères, nos bons, nos excellens protecteurs ! ils réunissent aujourd'hui huit petits infortunés que dès leur naissance un sort cruel avait condamnés au malheur ! ! !

*Jean* et *Jeannette* ensemble. A l'heureux changement de notr situation ! au vertueux, au respectable M. de Saint-Amand, à qui nous la devons ! puisse-t-il vivre assez long-temps pour jouir de son ouvrage, pour voir et protéger encore les enfans de ses *petits aventuriers parisiens.*

## POST SCRIPTUM.

———

Le lecteur est peut-être étonné de ce que nous terminons là l'histoire de nos petits aventuriers, Jean et Jeannette, mais nous le prions de remarquer que nous ne lui avons promis que des *petits aventuriers*, et que, si nous quittons nos héros à peine âgés de douze à treize ans, nous ne laissons aucune indécision sur leur sort à venir. On peut facilement deviner ce qui arrivera. Chaque chef de famille, ainsi qu'on en était convenu, reprit ses enfans chez lui. M. de Sait-Amand, devenu duc D***, garda toujours avec les siens ceux du père Monjoly; on acheva leur éducation. Tous, à l'âge de dix-huit à vingt ans, ratifièrent l'acte qu'ils avaient souscrit au *banquet des huit enfans*, et devinrent par la suite aussi bons pères qu'heureux époux. Jean et Jeannette, auxquels M. Patin, qui avait deshérité son méchant fils, légua en mourant toute sa fortune; Jean et Jeannette, disons-nous, furent particulièrement des modèles de vertus privées et sociales, comme ils en avaient été, dans leur enfance, de courage, de raison et de résignation.

FIN.

# TABLE DES MATIÈRES

CONTENUES

## DANS LE CINQUIÈME VOLUME.

———

FIN DE LA TABLE DU CINQUIÈME VOLUME.

www.ingramcontent.com/pod-product-compliance
Lightning Source LLC
Chambersburg PA
CBHW050003100426
42739CB00011B/2492